„Herzsteine" von Hanna Jansen

Bei der Erarbeitung einer Lektüre ist es wichtig, dass du das Lesen im Voraus gut planst. In der Prüfung ist die Lektüre die Grundlage für **Aufgaben zum Leseverstehen** und eine kürzere **Schreibaufgabe**. Deshalb musst du den **Inhalt des Buchs**, also **die Figuren** und **die Handlung**, sehr genau kennen. Dies kannst du sicherstellen, indem du schon vor dem Lesen einige Punkte beachtest und auch währenddessen bzw. nach der Lektüre verschiedene Strategien anwendest.

Vor dem Lesen	Während des Lesens	Nach einzelnen Abschnitten
• Lies den **Klappentext** des Buchs. • Setze dich mit **einzelnen Zitaten** aus dem Buch auseinander, um dich mit der Sprache und der Art des Schreibens vertraut zu machen (→ siehe Zitaten-Teppich, S. 5–7). • Finde heraus, welche **Themen** im Buch behandelt werden. • Bringe in Erfahrung, wer die **Hauptfiguren** sind, und überlege dir, welche Informationen du im Verlauf der Lektüre zu ihnen sammeln willst (z. B. mithilfe der Vorlagen für Steckbriefe, siehe S. 13–15). • Lies die Buchbesprechung auf Seite 8 und verschaffe dir einen ersten Überblick über die Handlung.	• Der Kasten „Achte auf ..." gibt dir einen Hinweis, worauf du beim Lesen **besonders achten** musst. • Markiere **wichtige Textstellen** im Buch und mache dir **Randnotizen** zu wichtigen Inhalten. • Trage Informationen zu den Hauptfiguren in die **Steckbriefe** ein (S. 13–15). • Frage nach, wenn du **Wörter** oder Textpassagen **nicht verstehst**.	• Bearbeite die Aufgaben zu den **einzelnen Kapiteln**. • Bearbeite die **Schreibaufgabe** nach jedem Kapitel. Wähle dazu den für dich passenden **Schwierigkeitsgrad** aus. • Hinweise zu den Merkmalen der geforderten **Textsorten** bei den Schreibaufgaben findest du auf Seite 69 im Arbeitsheft. • **Kontrolliere** immer gründlich, ob du alle Aufgaben bearbeitet und den Inhalt des jeweiligen Kapitels verstanden hast.

Wenn du das ganze Buch gelesen hast

- Überprüfe, ob du noch genau weißt, **was nacheinander passiert**.
- Stelle sicher, dass du alle wichtigen **Informationen zu den Figuren** kennst.
- Prüfe, ob du die **Figuren und ihr Verhalten** erklären kannst.
- Finde heraus, ob du die **Beziehungen der Figuren zueinander** beschreiben kannst. Nutze dazu auch die **Checkliste** auf den Seiten 66/67.

- Mache dir nochmals klar, welche **Textsorten** bei der Schreibaufgabe von dir verlangt werden könnten (z. B. Brief, Tagebucheintrag, innerer Monolog), und wiederhole ihre Merkmale (S. 69).
- Bearbeite die für dich passenden **Aufgaben im Stil der Abschlussprüfung** ganz am Ende des Arbeitshefts.

A Vor dem Lesen: Vorwissen aktivieren und aufbauen

Der Klappentext

„Zu jedem Menschen gehört ein ganz bestimmter Stein. Wenn du deinen findest, fängt etwas Neues an …"

Der überstürzte Umzug von Hamburg nach Sylt verändert alles im Leben des 16-jährigen Sam. Als seine Mutter immer unnahbarer wird, merkt er, dass mit der Ehe seiner Eltern etwas nicht stimmt. Doch ein undurchdringliches Schweigen liegt über der Familie. Zum Glück begegnet Sam Enna, mit der er über alles reden kann und zu der er sich hingezogen fühlt. Doch um endlich Antworten auf all seine Fragen zu finden, muss er eine weite Reise antreten. Nach Ruanda, in das Land seiner Mutter.

Quelle: Hanna Jansen: Herzsteine. Verlagsgruppe Beltz. Gulliver 2018, Weinheim Basel.

1 Lies den Klappentext gründlich und achte auf Details über die Hauptpersonen. Unterstreiche diese im Text.

2 Erstelle nun eine Liste mit ersten Informationen, die im Klappentext erhalten sind. Notiere sie stichwortartig neben den Fragen.

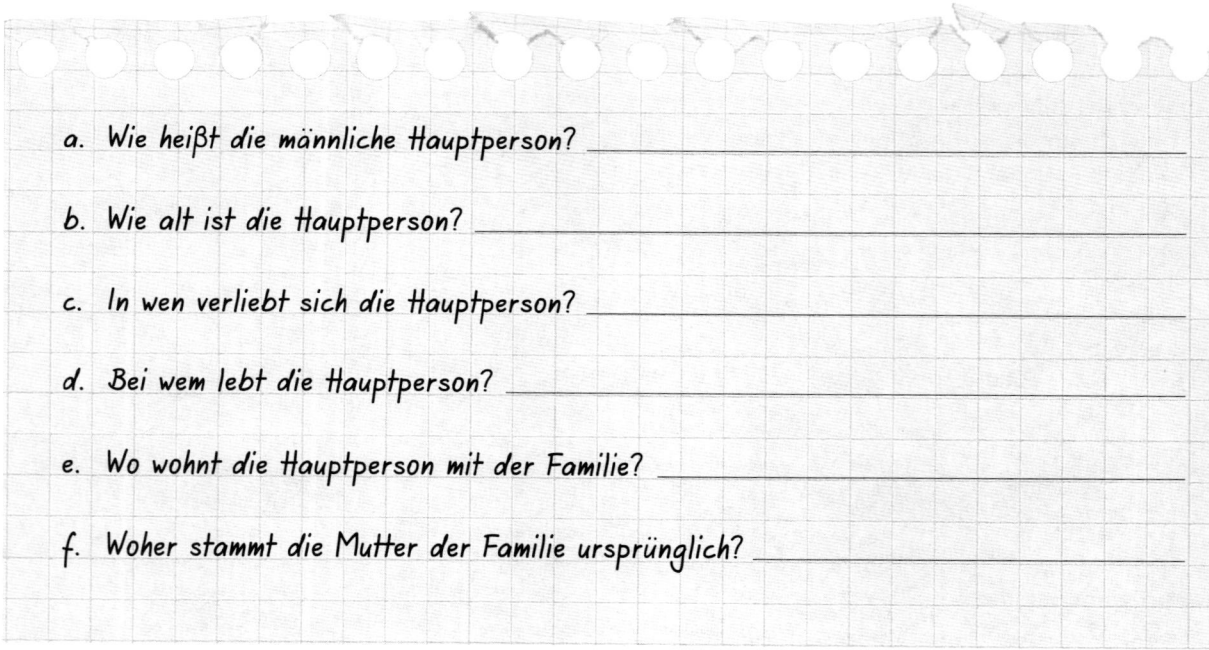

a. Wie heißt die männliche Hauptperson? _____

b. Wie alt ist die Hauptperson? _____

c. In wen verliebt sich die Hauptperson? _____

d. Bei wem lebt die Hauptperson? _____

e. Wo wohnt die Hauptperson mit der Familie? _____

f. Woher stammt die Mutter der Familie ursprünglich? _____

3 Der Klappentext macht Andeutungen, mit welchen Problemen die Hauptfigur kämpfen muss und welches positive Ereignis ihr dabei hilft, ihre Probleme zu bewältigen. Nenne sowohl die Probleme (−) als auch das positive Ereignis (+).

− _____
_____
_____
_____
_____
_____
_____

+ _____
_____
_____
_____
_____
_____

4 **a** Finde heraus, wo in Afrika Ruanda liegt und markiere das Land auf der linken Landkarte. Male dazu die Fläche des Landes grün aus.

b Male auf dem rechten Kartenausschnitt von Deutschland die Insel Sylt blau aus.

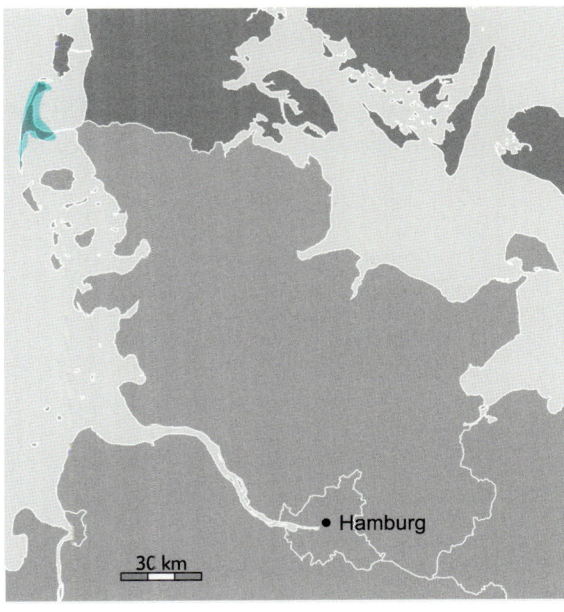

Vermutungen zu Zitaten aus dem Buch

5 **a** Lies das Zitat langsam und gründlich durch. Welche spontanen Gedanken hast du dazu? Welche Fragen wirft das Zitat auf? Notiere deine Gedanken und Fragen zum Zitat in den Gedankenblasen.

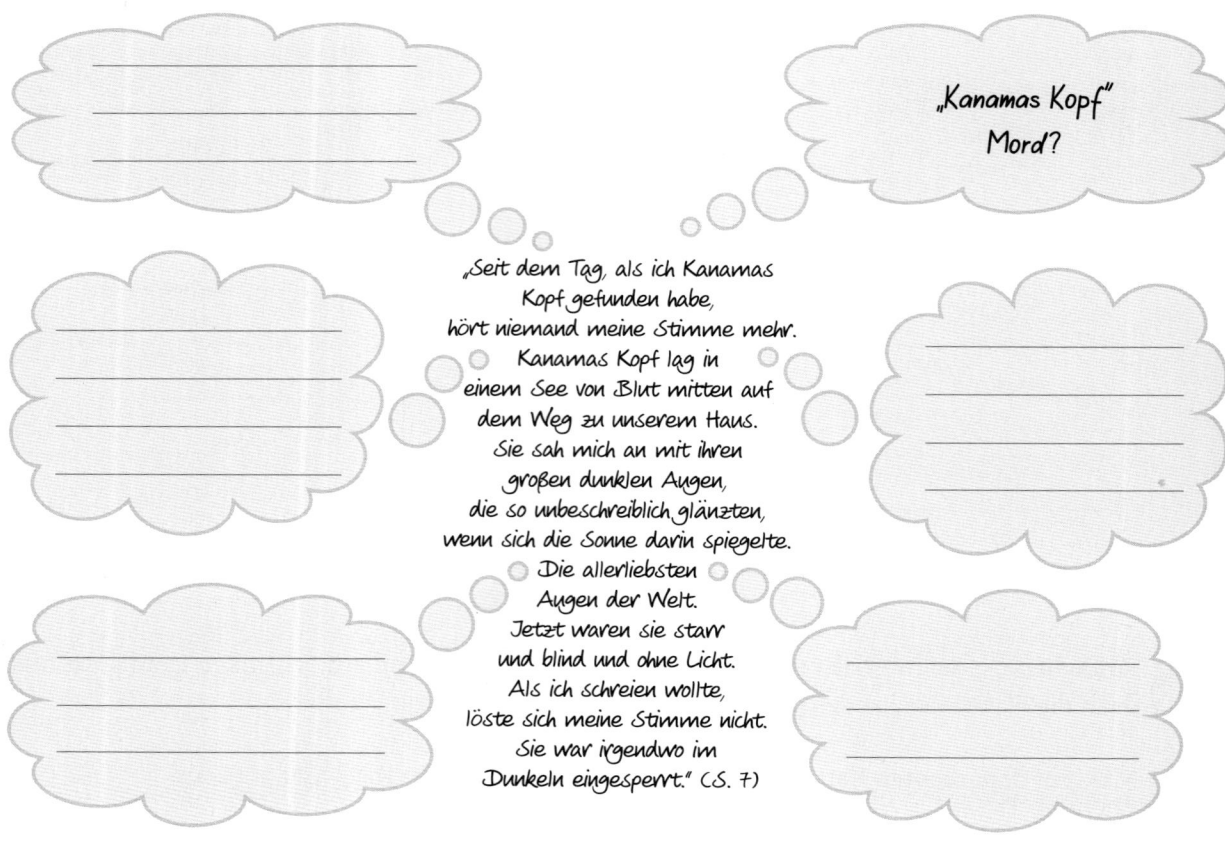

„Kanamas Kopf"
Mord?

„Seit dem Tag, als ich Kanamas Kopf gefunden habe, hört niemand meine Stimme mehr. Kanamas Kopf lag in einem See von Blut mitten auf dem Weg zu unserem Haus. Sie sah mich an mit ihren großen dunklen Augen, die so unbeschreiblich glänzten, wenn sich die Sonne darin spiegelte. Die allerliebsten Augen der Welt. Jetzt waren sie starr und blind und ohne Licht. Als ich schreien wollte, löste sich meine Stimme nicht. Sie war irgendwo im Dunkeln eingesperrt." (S. 7)

b Sprecht nun in der Gruppe über eure Gedanken und Ideen zum Zitat. Verwendet dazu die folgenden Satzanfänge, um eure Überlegungen in Worte zu fassen.

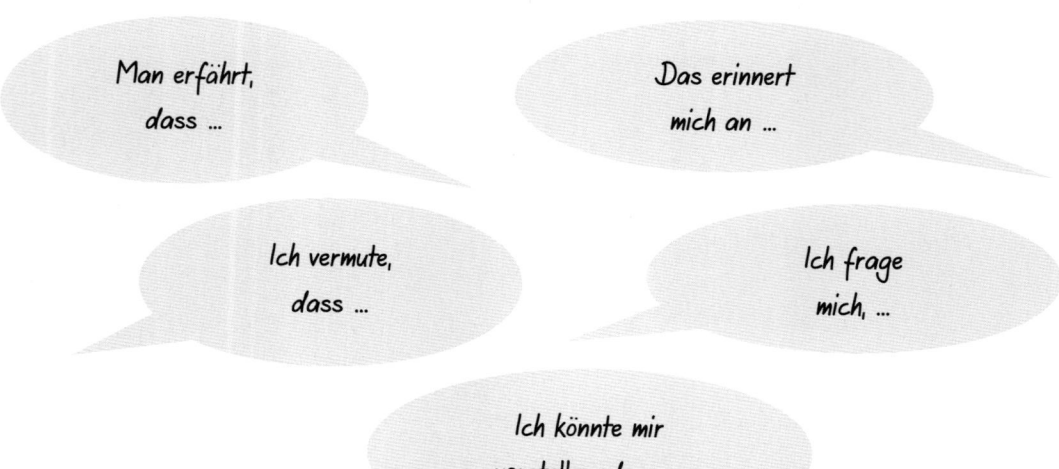

Man erfährt, dass …

Das erinnert mich an …

Ich vermute, dass …

Ich frage mich, …

Ich könnte mir vorstellen, dass …

6 Auf den Seiten 5 bis 7 findest du 30 **Zitate** aus dem Roman. Die folgende Aufgabe ist als Gruppenarbeit konzipiert, du kannst sie aber auch allein bearbeiten, indem du dir eines oder mehrere der Zitate vornimmst und jeweils Schritt 2 ausführst.

Nachdem sich jede*r von euch mit einem Zitat beschäftigt hat, könnt ihr die Zitate als „Zitaten-Teppich" präsentieren. Geht dazu folgendermaßen vor:

 ① Teilt die Zitate unter euch auf, sodass **jede*r aus der Klasse ein Zitat** bekommt (es können je nach Schülerzahl auch Zitate übrig bleiben).

 ② Lies das Zitat, das dir zugeteilt wurde, gründlich durch. **Überlege** z. B.:
- Welche Informationen zur Handlung erhältst du bereits durch diese wenigen Worte/Sätze?
- Werden Personen oder Handlungsorte genannt? Welche Hinweise bekommen die Leser*innen dazu?
- Welche Fragen kann man sich stellen?
→ Schreibe auf, welche Informationen zur Handlung allein aus deinem Zitat ablesbar sind.

③ Bildet **Gruppen** zu drei Personen. Lest euch eure Zitate der Reihe nach laut vor und berichtet den anderen, was man aus euren Zitaten erfahren kann.

 ④ Verteilt euch im Klassenzimmer. Geht langsam umher und lest dabei den **fettgedruckten Teil eures Zitats** leise vor, sprecht ihn vor euch hin.
- Übt den Text so lange, bis ihr ihn gut vorlesen könnt.
- Bleibt stehen, wenn eure Lehrerin oder euer Lehrer „Stopp" sagt oder ein Signal ertönt.
- Eure Lehrkraft sagt nun die Nummer des Zitats, das als Nächstes an der Reihe ist. Die Person, die dieses Zitat hat, liest den fettgedruckten Teil des Zitats der ganzen Klasse vor.

 ⑤ Besprecht, wie die Zitate in der **Gesamtheit** („Zitaten-Teppich") auf euch gewirkt haben.

Zitate aus „Herzsteine"

1 Den Fluss vermisst er jetzt schon, genauso wie die Alster und den Schwimmverein – Wasser ist sein Element, er könnte auch als Fisch geboren sein.
Da, wo es hingeht, werden sie von Wassermassen geradezu umzingelt sein. Mum kann nicht schwimmen. (S. 7)

2 Dem Geräusch des Motors lauschend redet Sam sich ein, dass sie nur besonders lange Ferien vor sich haben. Dass es spätestens nach dem Probejahr zurück nach Hamburg gehen wird. Weil die ganze Sache sowieso nichts bringt. Es ist vielleicht nicht fair, sich das zu wünschen, doch während sie sich jetzt erbarmungslos entfernen, wünscht er es sich mehr als alles andere. (S. 7/8)

3 Die Scheibenwischer schwingen quietschend hin und her, breiten über Dreck und zerquetschten Fliegenkörpern Schmierbögen aus wie Engelsflügel. Dad scheint das überhaupt nicht wahrzunehmen. **Seit sie losgefahren sind, haben er und Mum nicht ein einziges Wort gewechselt.** (S. 8)

4 Auch Mum wirkt fast, als wäre sie völlig kahl. **Ihr dichtes schwarzes Kraushaar ist** so **kurz geschoren**, dass man ihre Kopfhaut sehen kann. **Tief dunkelbraun, fast genauso dunkel wie ihr Haar ist ihre Haut.** (S. 9)

5 Felicitas – seine Mutter, die ihm oft ein Rätsel ist. Dad nennt sie Fe oder in besonderen Momenten *seine Fee*.
Wie so oft wünscht sich Sam, dass er Gedanken lesen könnte, um herauszufinden, was gerade in ihr vorgeht, was sie fühlt oder denkt. **Ob sie selbst überhaupt daran glaubt, dass ihr dieser Probeumzug helfen wird?** (S. 9)

6 Dads Hoffnung muss in Erfüllung gehen! Schließlich zahlen er und Sam einen hohen Preis. Sam verengt die Augen, bis vor seinem Blick alles wie in einem Aquarell verschwimmt. Auch der helle Bronzeton seiner Hände, die noch immer zwischen seinen Eltern liegen.
Die Farbe seiner Haut ist die perfekte Mischung. (S. 9)

7 „Bestimmt erinnerst du dich, wie gut es Mum auf der Insel ging. Das Leben in der Großstadt ... ich glaube, im Augenblick ist das zu viel für sie."
Dad machte eine Pause. In seinen Augen lag eine Bitte und auch etwas Trauriges, das Sams Widerstand im Keim erstickte. (S. 10)

8 „[...] Wir werden das Haus vorläufig untervermieten. Für ein Jahr. Mehr soll es erst mal gar nicht sein. Danach wird man weitersehen. Wenn es uns allen besser geht, entscheiden wir gemeinsam, ob wir bleiben wollen." (S. 10)

9 Ich kam an einem Sonntag im August in einem kleinen Dorf auf die Welt. Und genau an diesem Tag erhielt ich auch meinen Namen. Mein Vater hat ihn für mich ausgesucht, weil ich ein bisschen wie ein Junge aussah und er sich, nachdem er schon zwei Töchter hatte, eigentlich einen Jungen wünschte. Er nannte mich Nkulikiyinka. Umehire hieß die Erstgeborene, Ingabire die zweite. Umehire, das bedeutet „Glück", Ingabire „Geschenk". Nkulikiyinka aber ist ein völlig anderer Name. Nkulikiyinka, das ist die, „die der Kuh hinterherläuft". Meine Mutter wollte diesen Namen nicht, doch mein Vater hat sich durchgesetzt. (S. 10/11)

10 Ich war ein wildes Kind, das nur selten still sein konnte, pausenlos sprang ich herum wie ein junges Kalb, sodass mein Vater mich Inyana, „Kälbchen", rief, und schon bald taten es die anderen auch. (S. 11)

11 Fünf Kühe waren es, eine schöner als die andere, und alle hatten Monatsnamen. Mutarama, Mata, Ukwakira, Gicurasi und Kanama. Kanama heißt „August". Kein Wunder, dass Kanama meine Lieblingskuh war, oder? Weil sie doch meinen Monatsnamen hatte und noch dazu die allerliebsten Augen der Welt! (S. 11)

12 Das Haus hat alles, was man braucht, aber nichts von einem richtigen Zuhause. Helle Räume, zweckmäßig und modern eingerichtet, ein paar Drucke an den weißen Wänden. Inselbilder. Überhaupt nicht zu vergleichen mit dem vollgestopften Haus in Hamburg, wo schon sein Vater aufgewachsen ist. Alles deutet darauf hin, dass sie hier wirklich nur vorübergehend bleiben werden. (S. 11/12)

13 Eines Abends war Sams Mutter von der Polizei zu Hause abgeliefert worden. Zwei Uniformierte standen plötzlich vor der Tür, zwischen ihnen Mum, die am ganzen Körper zitterte. Aschgrau im Gesicht, die Augen aufgerissen.
Gott sei Dank war Dad ausnahmsweise früh zu Hause, sodass er alles regeln konnte. Die Polizisten waren sehr entgegenkommend und nach der Übergabe auch gleich wieder weg. Heilfroh wahrscheinlich, dass sie Mum nicht in irgendeine Klinik oder Anstalt bringen mussten.
Grund genug hätten sie gehabt. (S. 12)

14 Einige Male hatte Sam schon gesehen, wie seine Mutter Tränen lachte, doch an diesem Tag sah er zum ersten Mal, wie sie weinte. Und das auf eine ganz stille, hoffnungslose Art, die ihn fertigmachte.
Seitdem ist eine alte Angst plötzlich wieder in ihm hochgeschwappt. (S. 13)

15 Er erinnert sich noch genau, wann ihn diese Angst zum ersten Mal überfallen hat. Ungefähr drei Jahre muss er damals gewesen sein.
Es war in der Nacht, als er plötzlich aus dem Schlaf gerissen wurde, weil seine Mutter so entsetzlich schrie. Ihre leise, weiche Stimme schrill und fremd, als ob es gar nicht ihre wäre. Wie die von einem Tier in Todesangst. (S. 13/14)

16 Mums schlimme Träume haben nie ganz aufgehört, allmählich aber sind sie seltener geworden und Sam hat sich schließlich irgendwie daran gewöhnt. Jedenfalls ist er nicht mehr davon aufgewacht. (S. 14)

17 Bis vor Kurzem hätte er auch nie gedacht, dass mit ihr etwas nicht stimmen könnte. Obwohl sie nicht wie andere Mütter ist, die er kennt. Sehr verschlossen, fast unnahbar wirkt sie, und wenn sie angesprochen wird, reagiert sie meistens kühl und distanziert. Auch daran hat er sich irgendwie gewöhnt. (S. 14)

18 Sam weiß, dass seine Mutter auf dem Kopf mühelos eine vollgepackte Einkaufstasche balancieren kann. Weil sie so unwahrscheinlich schön ist, drehen sich die Leute auf der Straße nach ihr um. Und wenn Dad sie ansieht, geht ein Licht in seinen Augen an. (S. 15)

19 Weißt du, meinen Vater liebte ich besonders und er mich, obwohl ich nur ein Mädchen war. Den Weg zurück von den Weiden trug er mich manchmal auf den Schultern, wobei er naserümpfend an meinen nackten Zehen schnüffelte, zwischen denen dicker Dreck und Kuhmist klebte. (S. 15)

20 Schon seit dem Kindergarten waren Jan und Olli Sams engste Freunde. [...] Nach den Sommerferien wären sie zusammen in die Elfte gekommen. *Zusammen* gilt jetzt nur für Jan und Olli, während Sam morgen alles im Alleingang machen muss. Hier, wo er keine Menschenseele kennt. (S. 21/22)

21 Mum in einem engen weißen Leinenkleid und mit elegantem Hut. In Hamburg wäre das vielleicht gerade noch gegangen, aber hier? **Es reicht doch, dass sie so schon aus dem Rahmen fällt!** In Sachen Kleidung hat sie wirklich einen Spleen. **Wie immer zieht sie alle Blicke auf sich.** Zwangsläufig Sam und Dad und Peter auch. (S. 24)

22 Das Mädchen trägt einen ultrakurzen, schwarzen **Minirock.** Dazu eine schwarze Häkelweste über einem ausgewaschenen rosa Shirt. Ihre braungebrannten Beine stecken in hochgeschnürten schwarzen Lederboots. Alles, was sie anhat, ist schon ziemlich abgetragen, was aber offensichtlich so gewollt ist. **Nur der lange blonde Zopf, der seitlich über ihre Schulter fällt, wirkt absolut fehl am Platz.** (S. 25)

23 Genauso wirkt das Mädchen. Wie eine Punkerin, auf der ein falscher Kopf gelandet ist!
Als die beiden durch das Schultor treten, registriert er, dass jetzt sie es sind, die alle Blicke auf sich ziehen. Aber es ist anders. **Feindseligkeit scheint plötzlich in der Luft zu liegen.**
„Das sind Helen und ihre Tochter" [...]. (S. 25)

24 Der Tag, an dem mein Vater nicht mehr wiederkam, hatte sich seit Längerem und mit vielen Zeichen angekündigt, nur ich merkte nichts davon.
Kein Wunder, schließlich war ich ja erst drei, noch viel zu klein, um mir irgendetwas vorzustellen, was schlimmer als die große Wäsche war, die ich jeden Abend über mich ergehen lassen musste. (S. 26)

25 Sie heißt Enna. Und sitzt neben ihm. Nicht Emma, auch nicht Anna, sondern Enna. Seltsamer Name, doch er passt zu ihr.
Dass Sam ausgerechnet neben ihr gelandet ist, wundert ihn kein bisschen. Auch Enna ist neu, weil sie von einer anderen Schule auf diese hier gewechselt hat. **Klar, dass zwei Neue, außerdem Exoten, sich dahin sortieren müssen, wo noch Platz ist.** (S. 26)

26 In der Nacht vor dem Tag, der unser Leben zerstören sollte, wurde ich aus dem Schlaf gerissen. Es war stockdunkel, aber keiner dachte daran, Licht zu machen.
„Komm, Inyana, wir müssen hier so schnell wie möglich weg!" Umehire zerrte mich aus dem Bett. [...]
Ich begriff nicht, was geschah. (S. 27/28)

27 Da war ein dunkelroter Schimmer in der Ferne, ein fremdes Licht in der Nacht, Schreie, die von dort zu uns hinübergellten, und die Kühe brüllten wie am Spieß.
Vor dem Haus aber war es still.
„Jetzt!", zischte Mama, riss die Tür auf und wir rannten los. (S. 28)

28 Tagelang lag ich eingezwängt zwischen meinen Müttern und begriff noch immer nicht, was geschah. Eine Nachbarin hatte uns in ihrem Küchenhaus versteckt, in einer dunklen Ecke hinter Vorratssäcken und Bananenbergen. Sie hieß Mukantaganda, was „die Fleißige" bedeutet, und gehörte zu den anderen, die nicht um ihr Leben fürchten mussten. (S. 31)

29 Damals wusste ich noch nicht, dass es solche gab, deren Leben ständig in Gefahr war, und die anderen, die sich sicher fühlen konnten. Sehr viel später erst sollte ich erfahren, dass wir zu den Ersteren gehörten. (S. 31/32)

30 Irgendwie ertrug ich es, denn ich hörte ja das Gebrüll und die Schreie, merkte, dass da draußen etwas Furchtbares geschah. Manchmal polterte es ganz gewaltig nebenan. Dann hielten wir uns aneinander fest und ich zitterte vor Angst. (S. 32)

Buchbesprechung

1 Samuels Mutter kommt aus Ruanda, der Vater ist Deutscher, und die Familie lebt in Hamburg. Doch dort hält es seine Mutter nicht mehr aus – wegen der traumatischen Erlebnisse während des Völker-
5 mords in Ruanda, bei dem ihre gesamte Familie getötet wurde, kommt sie mit den vielen Menschen nicht zurecht und wird immer depressiver. So beschließt die Familie für ein Jahr nach Sylt zu ziehen, wo Sams Vater, der Arzt ist, für ein Jahr die
10 Praxis eines Kollegen führen kann.

Für Sam ist der Umzug nach Sylt zunächst ein Schlag ins Gesicht, weil er seine Freunde verliert. In der neuen Klasse interessieren sich viele Mädchen für ihn, je-
15 doch will er mit ihnen nichts zu tun haben. Seltsamerweise freundet er sich dagegen mit Enna an, die niemand in der Klasse sonst mag – auch, weil ihre Mutter als
20 Wunderheilerin einen zwielichtigen Ruf hat. Sam und Enna kommen sich näher und sind bald ein unzertrennliches Paar.

Als im Herbst die heftigen
25 Nordsee-Stürme beginnen, ist Sams Mutter eines Abends verschwunden. Weil sie sich große Sorgen machen, rufen Sam und sein Vater die Polizei, die sich des Verschwindens
30 der Frau jedoch nicht groß annimmt. Spät am Abend bringt Ennas Mutter die Vermisste nach Hause. Von der Begegnung mit Ennas Mutter kehrt Sams Mutter völlig verwandelt zurück. Sie teilt ihrem Mann und ihrem Sohn mit, dass sie be-
35 schlossen habe, nach Ruanda zurückzugehen – und zwar sofort. Sam und sein Vater besuchen sie dort schließlich in den nächsten Ferien für zwei Wochen.

„Herzsteine" ist ein vielschichtiges Buch, das
40 zahlreiche Themen aufgreift. Es geht nicht nur um Ruanda und Afrika, sondern auch um Themen wie Beziehung und Ausgrenzung. Selbst das Thema Ruanda wird aufgrund des Aufbaus des Buches

recht mannigfaltig dargestellt. Der Grund dafür
45 liegt in der geschickten Anlage des Buches: Die Geschichte beginnt in Deutschland und stellt dar, welche Folgen die traumatischen Erlebnisse von Sams Mutter nicht nur für sie, sondern für die ganze Familie haben. Sams Mutter kommt mit
50 ihrer Vergangenheit nicht zurecht, sie zieht sich zurück, kann über ihre Erlebnisse nicht sprechen und lässt letztendlich weder Sohn noch Ehemann an sich heran. Anstatt, dass das besser wird, verschlimmert sich ihr Zustand von Jahr zu Jahr.

55 Hanna Jansens Buch ist in zwei Teile unterteilt: Die erste Hälfte trägt sich in Deutschland zu und thematisiert den Umzug der Familie und Sams Orientierungslosigkeit auf Sylt,
60 die erst durch Enna gestoppt wird. Von Beginn an sind im ersten Teil anders gedruckte Passagen zu finden, in denen Sams Mutter von ihrem früheren Leben in Ruanda
65 und in Großbritannien, wohin sie ausgewandert war, berichtet. Wie man später erfährt, entstammen diese Passagen einem Gespräch, das Sams Mutter kurz vor dessen
70 Abreise aus Ruanda mit ihrem Sohn führt.

Die zweite Hälfte des Romans erzählt dann von der Reise Sams und seines Vaters nach Ruanda. Für Sam ist die fremde Welt des afrikanischen
75 Landes zunächst verwirrend, doch nach und nach findet er sich dort zurecht. Auch in diesem Teil des Buches gibt es anders gedruckte Einschübe – doch hier sind es Tagebuchaufzeichnungen für Enna, in denen Sam seine Erlebnisse in Ruanda reflektiert.
80 Auch hier wird also nicht einfach nur linear die Handlung wiedergegeben, sondern es wird einerseits die Vergangenheit von Sams Mutter thematisiert, andererseits ist Platz fürs Sams Reflexionen. […]

ULF CRONEBERG

Quelle: Ulf Croneberg: Buchbesprechung: Hanna Jansen „Herzsteine". Im Internet unter: www.jugendbuchtipps.de/2012/11/26/buchbesprechung-hanna-jansen-herzsteine/ (erschienen am 26.11.2012) (Auszug, leicht verändert)

7 Lies die Buchbesprechung gründlich und verschaffe dir einen groben Überblick über die dort
beschriebene Handlung des Romans.

8 Nenne zwei in der Buchbesprechung erwähnte …

a Handlungsorte in Deutschland: _____

_____

b Handlungsorte außerhalb Deutschlands: _____

_____

c Berufe: _____

_____

d Themen des Buchs: _____

_____

e weibliche Vornamen: _____

_____

9 Finde für folgende Aussagen die entsprechenden Textstellen aus der Buchbesprechung. Unterstreiche und kennzeichne sie am Rand mit dem passenden Buchstaben. Ein Beispiel ist dir vorgegeben.

a Samuels Mutter hat als Einzige ihrer Familie den Völkermord in Ruanda überlebt.
Beispiel: „bei dem ihre gesamte Familie getötet wurde" **(a)**

b Das Erlebte hat Sams Mutter traumatisiert und es geht ihr immer schlechter.

c Sam ist über den Umzug nach Sylt, der seiner Mutter helfen soll, unglücklich.

d Obwohl Sam in der neuen Klasse viele Verehrerinnen hat, interessiert er sich für die Tochter einer Wunderheilerin, die eine Außenseiterin ist.

e Nach einem Treffen mit der Wunderheilerin beschließt Sams Mutter, nach Ruanda zurückzugehen.

f Die Leser*innen erfahren zu Beginn des Buchs, welche Auswirkungen die Erlebnisse der Mutter in Ruanda auf das Leben der Familie in Deutschland haben.

g Die Leser*innen des Buchs erfahren, wie das Leben von Sams Mutter in Ruanda gewesen ist.

h Sam berichtet seiner Freundin Enna in einem Reisetagebuch von dem, was er auf seiner Reise ins Heimatland seiner Mutter erlebt.

Hintergrundinformationen zur Handlung

Um die Situation von Sams Mutter Felicitas verstehen zu können, musst du dich über den **Völkermord in Ruanda** informieren. Du kannst dafür verschiedene Quellen nutzen, z. B. Podcasts, Dokumentationen oder Informationstexte.

> **info**
>
> **Völkermord:** Verbrechen der Vernichtung einer ethnischen Gruppe, einer Volksgruppe, eines Volksstammes o. Ä.; Genozid ∎
>
> *Quelle: www.duden.de/rechtschreibung/Voelkermord*

- **Höre** dir einen Podcast an, z. B.:

  > Völkermord in Ruanda – Und die Welt sieht zu (radioWissen):
  > www.br.de/mediathek/podcast/radiowissen/voelkermord-in-ruanda-und-die-welt-sieht-zu-1/32004

- **Schaue** dir eine oder mehrere Dokumentationen an, z. B.:

  > – www.welt.de/geschichte/article208058333/Voelkermord-in-Ruanda-Er-liess-mit-Macheten-morden.html
  > – www.youtube.com/watch?v=JismMoa3ysg
  > – http://lernen-aus-der-geschichte.de/Lernen-und-Lehren/content/2616/2009-10-10-Der-Voelkermord-Ruanda-im-Film

- **Lies** Informationstexte über das Thema, z. B.:

  > – www.bpb.de/politik/hintergrund-aktuell/307318/voelkermord-in-ruanda
  > – www.genocide-alert.de/projekte/20-jahre-nach-dem-genozid-in-ruanda/hintergrund/

Lies dir nachfolgenden Text durch und bearbeite anschließend die Aufgabe dazu. Richte beim ersten Lesen deinen Blick auf folgende Fragestellungen:

1. Welche (Volks-)Gruppe war **Opfer** des Völkermords?
2. Welche (gegnerische) Gruppe stand ihr gegenüber? Wer waren also die **Täter**?
3. Welcher (historische) **Konflikt** schwelte zwischen den gegnerischen Gruppen?
4. Was war letztlich der Anlass oder **Auslöser** für den Völkermord?

Informationen über den Völkermord in Ruanda

1 [...] „Alle, die ihr uns zuhört, erhebt euch, sodass wir alle für unser Ruanda kämpfen können. Wir müssen den Tutsi ein Ende bereiten, sie auslöschen, aus dem Land herausfegen", verkündete 5 1994 ein Moderator des Radiosenders Radio-Télévision Libre des Mille Collines. Damals ermordeten radikale Hutu innerhalb von drei Monaten mehr als 800 000 Tutsi und Hutu, die nicht bereit waren, Freunde und Nachbarn zu töten. [...]

10 **Hintergrund: Wie konnte es zu dem Völkermord in Ruanda kommen?**
Der Ursprung des Konflikts reicht in die koloniale Geschichte Ruandas zurück. Bei der Berliner Kongo-Konferenz 1884/85, bei der die europäischen 15 Kolonialmächte ihre Einflusssphären in Afrika absteckten, wurde Ruanda dem Deutschen Kaiserreich zugesprochen. 1916 kam Ruanda unter belgische Kolonialherrschaft, bis das Land 1962

unabhängig wurde. In vorkolonialer Zeit waren
20 Tutsi und Hutu keine verschiedenen Ethnien: Sie sprachen dieselbe Sprache und gehörten der gleichen Religion an. Mit den Begriffen Tutsi und Hutu wurden vielmehr soziale Gegensätze beschrieben: Tutsi waren wohlhabende Rinderzüch-
25 ter und gehörten der aristokratischen Schicht an. Hutu lebten indes vom Ackerbau und waren oft von den Tutsi abhängig, weil sie für sie arbeiteten.

Die deutschen und belgischen Kolonialherren führten dieses Abhängigkeitsverhältnis weiter
30 und festigten die Vorherrschaft der Tutsi-Minderheit. Sie beriefen sich dabei auf die Hamitentheorie, die besagt, dass die hamitische „Rasse" der schwarzafrikanischen Bevölkerung überlegen sei. Der Begriff „Hamiten" geht auf die biblische
35 Gestalt Ham, ein Sohn Noahs, zurück. Forscher glaubten, die im Vergleich zu den Hutu hellhäutigeren Tutsi seien im 15. Jahrhundert aus Äthiopien nach Ruanda eingewandert und Nachfahren der Hamiten. Diese Rassentheorie hatte zur Folge,
40 dass zwei Ethnien in Ruanda konstruiert wurden. Tutsi und Hutu hatten sich zuvor nur durch ihre Besitzverhältnisse unterschieden. 1935 setzte Belgien diese Differenzierung verwaltungstechnisch um: Tutsi sei, wer mehr als zehn Rinder besitze, wer nicht, sei Hutu. Diese Identifikations-
45 merkmale wurden nun auch in die Pässe der Ruander eingetragen.

Mit der Unabhängigkeit Ruandas kamen Hutu an die Macht. Nun rächten sie sich nach jahrzehn-
50 telanger Unterdrückung an den Tutsi: Massaker und Vertreibungen waren an der Tagesordnung. Viele Tutsi flohen ins Ausland. Im ugandischen Exil organisierten sie den Widerstand gegen die ruandische Regierung und bauten die Rebellenar-
55 mee Ruandische Patriotische Front (RPF) auf. 1990 rückte die RPF in Ruanda ein und eroberte weite Teile des Nordens. Der am 4. August geschlossene Friedensvertrag von Arusha besiegelte das Ende des Bürgerkriegs. Das Abkommen sah
60 unter anderem eine Regierungsbeteiligung der RPF vor. Radikale Hutu sahen darin eine erneute Machtergreifung der Tutsi. Bereits mit dem Einfall der RPF schürten extremistische Hutu den Hass gegen die Tutsi-Minderheit. Am 6. April 1994
65 wurde Präsident Juvénal Habyarimana, der den Hutu angehörte, ermordet. Er saß zusammen mit Cyprien Ntaryamira, Präsident von Burundi, und dem Stabschef der ruandischen Armee in einem Flugzeug, das im Landeanflug auf den Flughafen
70 der ruandischen Hauptstadt abgeschossen wurde. Habyarimana kam zurück von Verhandlungen mit der RPF. Bis heute ist unklar, wer hinter dem Attentat steckt. Der Abschuss der Präsidentenmaschine gilt als Auslöser des Völkermords.

Quelle: Sandy Naake: Dörfer der Versöhnung. Im Internet unter: www.gfbv.de/de/ze tschriftfuervielfalt/303-miteinander-fuereinander/doerfer-der-versoehnung-in-ruanda/ (Auszug)

10 a Beim Lesen des Textes solltest du deinen Blick auf bestimmte Fragestellungen richten (vgl. S. 10). Gleiche nun dein Textverständnis mit den hier angegebenen Antworten auf die Fragen ab. Trage in den Kreis die Nummer der Frage ein, zu der die jeweilige Antwort gehört.

Täter, also Umsetzer des Völkermords, war die (Volks-)Gruppe der Hutu. Dabei handelt es sich eigentlich nicht um eine ethnische Gruppe, sondern eine rein wirtschaftliche Unterscheidung, da ursprünglich Ackerbauern, die weniger als zehn Kühe besaßen, als Hutu bezeichnet wurden.

Die (spätere) Hutu-Regierung rächte sich an der Tutsi-Minderheit für die jahrzehntelange Unterdrückung. Es kam zu Vertreibungen, Massakern und Hass gegen die Tutsi. Als das Flugzeug des Hutu-Präsidenten abgeschossen wurde, wurde zum Völkermord an den Tutsi aufgerufen.

Durch die Einteilung, die ursprünglich von den deutschen und belgischen Kolonialherren vorgenommen worden war, verschlechterte sich der Status der ohnehin wirtschaftlich schlechter gestellten Hutu weiter. Dies führte schließlich zur Auflehnung und zum Hass gegen die privilegierten Tutsi.

Opfer des Völkermords war die (Volks-)Gruppe der Tutsi, was eigentlich keine Bezeichnung für eine ethnische Gruppe, sondern ursprünglich für wohlhabende Familien mit mehr als zehn Kühen war.

b Wo im Text findest du die Informationen zu Opfern, Tätern, Art des Konflikts und dem Auslöser? Notiere die Schlagworte am Rand neben den entsprechenden Textstellen.

B Während des Lesens: Personen beschreiben, Themen verstehen

Beim Lesen des Buchs solltest du dir **Notizen** zum Inhalt und zu den einzelnen Figuren machen. Die spätere Arbeit fällt dir dadurch ganz bestimmt leichter.

Bearbeite die folgenden Aufgaben möglichst während des Lesens des Romans, also **Stück für Stück**.

11 Lege zu den Figuren des Romans **Steckbriefe/Figurenplakate** bzw. Informationsspeicher an. Diese Informationen könnte man z. B. herausfinden und notieren:

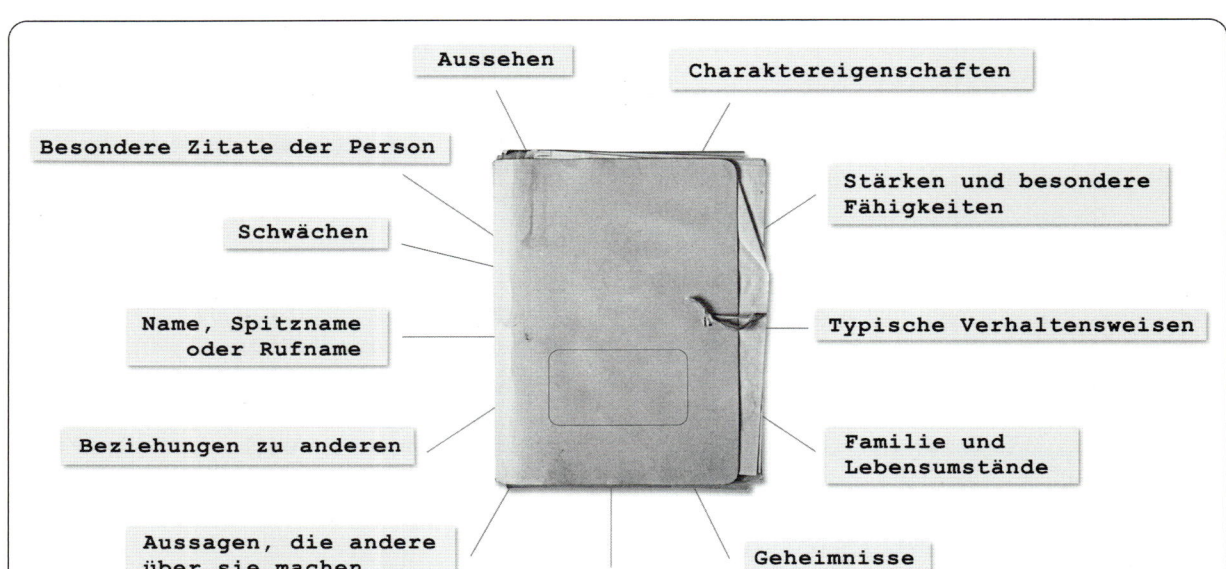

Drei Vorlagen für Steckbriefe zu **Sam**, seiner Mutter **Felicitas** und seiner Freundin **Enna** findest du auf den folgenden Seiten. Ergänze darin Informationen aus dem Buch. Steckbriefe zu weiteren Figuren legst du am besten auf einem eigenen Blatt selbst an. Neben Sam, seiner Mutter Felicitas und Enna könntest du auch Steckbriefe zu Sams Vater **Luk** oder Ennas Mutter **Helen** gestalten.

12 Achte beim Lesen auf **wiederkehrende** Themen und markiere wichtige Textstellen. Du kannst dabei für die unterschiedlichen Themen verschiedene Farben verwenden. So findest du wichtige Textstellen später leicht wieder. Achte z. B. auf diese Themen:

- Außenseitertum von Enna und Helen
- Sams Beziehung zu Enna
- Familiensituation von Fe (als Kind) in Ruanda
- Lebensgeschichte von Sams Mutter Felicitas
- Probleme von Felicitas in ihrem Leben in Deutschland (Auswirkungen der Traumatisierung)
- Diskriminierung und Verfolgung, Genozid (= Völkermord) an den Tutsi durch die Hutu
- Beziehung zwischen Sams Eltern Luk und Felicitas
- Sams Erlebnisse in Kigali (Ruanda)

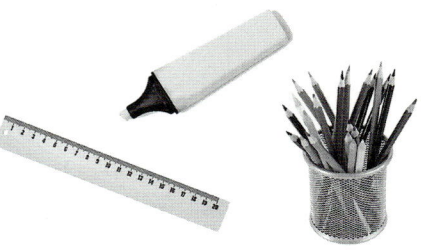

STECKBRIEF

Name: _____

Spitzname: *Sam* _____

Alter: _____

Aussehen: _____

_____

Familiensituation, Eltern: _____

_____

_____

_____

Wohnort(e): _____

Freunde/Bezugspersonen: _____

_____

_____

_____

Situation in der Schule: _____

_____

Hobbys: _____

_____

Eigenschaften, Gefühlswelt und Vorlieben (z. B. was ihn glücklich macht, wovor er Angst hat, was ihn beschäftigt, was ihn traurig macht, Angewohnheiten): _____

_____

_____

_____

_____

Veränderungen, die er durchläuft: _____

_____

_____

_____

_____

STECKBRIEF

Name und Spitzname in Deutschland: _Felicitas_____

_____

Name und Spitzname in Ruanda: _____

_____

_____

Alter: _____

Aussehen: _____

_____

Situation innerhalb der deutschen Familie: _____

_____

_____

_____

Situation ihrer Familie in Ruanda: _____

_____

_____

_____

Wohnort(e): _____

_____

Eigenschaften, Probleme, Gefühlswelt und Vorlieben (z. B. Hobbys, was sie glücklich oder traurig macht, wovor sie Angst hat, was sie beschäftigt, Angewohnheiten):

_____

_____

_____

_____

Veränderungen, die sie durchläuft: _____

_____

_____

_____

_____

_____

STECKBRIEF

Name: _Enna_

Alter: _____

Aussehen: _____

_____

_____

Familiensituation, Eltern: _____

_____

_____

Wohnort(e): _____

_____

_____

_____

_____

Freunde/Bezugspersonen: _____

_____

_____

_____

_____

_____

Situation in der Schule: _____

_____

_____

Hobbys: _____

_____

Eigenschaften, Gefühlswelt und Vorlieben (z. B. was sie glücklich macht, wovor sie Angst hat, was sie beschäftigt, was sie traurig macht, Angewohnheiten): _____

_____

_____

_____

_____

_____

C   Nach dem Lesen der einzelnen Kapitel: Inhalte wiederholen

Das Buch ist in **zwei Teile** untergliedert:

Teil 1: Die Insel (5 Kapitel + Kapitel „Transition")	**Teil 2: Ein anderer Kontinent** (9 Kapitel + Kapitel „Departure" + Nachwort)
Der **erste Teil** des Buches spielt **auf der Insel Sylt**. Diese, in der Gegenwart angesiedelte Handlung, wird immer wieder **von einer fortlaufend erzählten Lebensgeschichte unterbrochen**:	Im **zweiten Teil** des Buches reist Sam mit seinem Vater nach **Ruanda**.
Zunächst erfährt man nur, dass Nkulikiyinka von ihrem **Leben in Ruanda** erzählt und dabei jemanden direkt anspricht. Später stellt sich heraus, dass es sich bei der Erzählerin um Fe, also Sams Mutter, handelt, die ihrem Sohn ihre Lebensgeschichte erzählt.	In dieser Zeit schreibt Sam seine Erlebnisse, Gefühle und Eindrücke **für seine Freundin Enna** in ein **Tagebuch**. Im achten Kapitel erzählt Fe ein letztes Mal von ihrer Vergangenheit.

Im Folgenden findest du Aufgaben, die sich auf die einzelnen Kapitel des Romans beziehen. Beim Lesen des Romans und Bearbeiten der Aufgaben solltest du auf Folgendes achten:

- Sieh dir **vor dem Lesen jedes Kapitels** immer zuerst den Hinweis ▦▦ Achte auf … ▦▦ an, denn er weist dich schon im Vorfeld auf die wichtigsten Kapitelinhalte hin.
- Bearbeite nach dem Lesen die **Aufgaben zum jeweiligen Kapitel**.
- Schreibe die von dir gewählten **Kapitelüberschriften** für beide Handlungsstränge (Sams und Fes Geschichte) **ins Buch** unter die Kapitelnummer.
- Bearbeite am **Ende jeder Lese-Etappe** die **produktive Schreibaufgabe**.
- Entscheide bei den Schreibaufgaben jeweils, welcher **Schwierigkeitsgrad** für dich passend ist.

Teil I: Die Insel

Kapitel 1: S. 7–23

13 Ergänze die geforderten Angaben zum Kapitel.

> ▬▬▬▬▬▬ **Achte auf …** ▬▬▬▬▬▬
> - Sams Gefühle beim Verlassen seiner Heimatstadt.
> - die Gründe für den Wohnortwechsel.
> - die Informationen über Sams Mutter Felicitas.
> - die Informationen über das Mädchen Nkulikiyinka und ihr Leben in Ruanda.

a   Sams Geschichte

Mögliche Überschrift: _____

_____

Handlungsort(e): _____

Personen: _____

b   Fes Geschichte

Mögliche Überschrift: _____

Handlungsort(e): _____

Personen: _____

14 Kreuze **alle** korrekten Antwort an.

a   *„Die Nacht dauert lang, aber schließlich kommt der Tag."* (S. 5)

Wie könnte man die Bedeutung dieses afrikanischen Sprichworts erklären?

☐ Tag und Nacht sind immer gleich lang, also gehören Gutes und Schlechtes gleichermaßen zum Leben.

☐ Die Nacht kommt einem immer länger vor als der Tag. Das Schlechte im Leben erscheint einem daher übermächtiger, auch wenn es nicht stimmt.

☐ Auch wenn einem die Nacht lang vorkommt, weiß man, dass irgendwann wieder Tag wird. Man hat also immer die Gewissheit, dass nach schlechten auch wieder gute Zeiten kommen.

b   Welche Formulierungen geben Auskunft darüber, dass die Ich-Erzählerin aufgrund ihrer schrecklichen Erlebnisse stumm wurde?

☐ „[…] hört niemand meine Stimme mehr." (S. 7)

☐ „Jetzt waren sie starr und blind und ohne Licht." (S. 7)

☐ „[…] löste sich meine Stimme nicht. Sie war irgendwo im Dunkeln eingesperrt." (S. 7)

c   Welche Formulierung gibt einen Hinweis darauf, dass Sam traurig ist und Hamburg nur schweren Herzens verlassen hat?

☐ „Tränenreste" (S. 7)

☐ „Grau in Grau" (S. 7)

☐ „Pisswetter" (S. 7)

d   Aus welchen Formulierungen kann man schließen, dass Sams Familie zum Test zunächst nur für einen begrenzten Zeitraum an einen anderen Ort umzieht?

☐ „besonders lange Ferien" (S. 8)

☐ „Probejahr" (S. 8)

☐ „Probeumzug" (S. 9)

☐ „Urlaub" (S. 9)

e   Warum zahlen Sam und sein Vater mit dem Umzug nach Sylt gewissermaßen „einen hohen Preis" (S. 9)?

☐ Der Vater gibt in der Hoffnung, dass es seiner Frau auf Sylt besser geht, sein Leben und seine Arztpraxis in Hamburg auf.

☐ Die Preise für eine Arztpraxis und ein Wohnhaus auf der Urlaubsinsel Sylt sind viel höher als die Preise in Hamburg. Diese finanzielle Belastung macht beiden zu schaffen.

☐ Sam hat eigentlich keine Wahl. Er muss seine gewohnte Umgebung, seine Freunde und seinen Schwimmverein verlassen.

15 Verbinde die Satzanfänge mit dem richtigen Ende.

Sams Vater nennt …	ist tief dunkelbraun.
Sam weiß oft nicht, …	kann man davon ausgehen, dass sein Vater weiß ist.
Die Haut von Felicitas …	seine Frau in besonderen Momenten „seine Fee".
Da Sam seine Hautfarbe als eine perfekte Mischung beschreibt, …	dass er auf ihn zählen kann.
Sams Vater weiß, …	was in seiner Mutter vorgeht.
Dennoch hofft Sams Vater, …	dass er viel von seinem Sohn verlangt.

16 Ergänze im folgenden Text die Namen der handelnden Personen.

Die Ich-Erzählerin der eingeschobenen Handlung kam in einem kleinen Dorf in Ruanda zur Welt und bekam von ihrem Vater den Namen   , obwohl ihre Mutter dagegen war, denn der Name bedeutet „die der Kuh hinterherläuft". Ihre älteste Schwester hieß   , was „Glück" bedeutet, ihre zweitälteste Schwester hieß   , „Geschenk".

17 **a** Begründe mithilfe des Textes, warum sich der Vater für „Nkulikiyinka" als Namen für seine jüngste Tochter entschieden haben könnte. Gehe auch darauf ein, warum er seinen Willen sogar gegen seine Frau durchgesetzt hat.

b Erkläre, weshalb Nkulikiyinkas Vater sie schließlich doch beim Kosenamen „Inyana", was „Kälbchen" bedeutet, ruft.

c Kanama war Nkulikiyinkas Lieblingskuh. Erkläre, warum sie felsenfest davon überzeugt war, dass diese Kuh ihr gehört.

18 Liste stichpunktartig auf, was man über Sams Mutter Felicitas und die Gründe für den Umzug erfährt. Lege dazu eine Tabelle nach folgendem Beispiel an.

Informationen über Sams Mutter Felicitas	Gründe für den Umzug
• …	• …

19   **a**   Zitiere die Textstelle, die zum Ausdruck bringt, dass Sams langjährige beste Freunde Olli und Jan jetzt ohne ihn in die elfte Klasse kommen und dass deren Leben nun ohne ihn weitergeht.

_____

_____

_____

_____

   b   Wie wirkt diese Textstelle auf dich? Finde drei Adjektive, die Sams Gefühle verdeutlichen.

_____

20   Sam hat nur wenige Sachen aus seinem Zuhause in Hamburg eingepackt. Erkläre, warum sein Stoffgorilla Klaus unbedingt mitgenommen werden musste.

Schreibaufgabe

21   Sam überlegt sich, ob es vielleicht peinlich sein könnte, dass er als Sechzehnjähriger immer noch einen plattgelegenen Gorilla in seinem Bett hat. Was, wenn ihn einmal eine Mitschülerin oder ein Mitschüler besuchen kommt? Doch Klaus „auszulagern" kommt eigentlich nicht infrage.

Da Sam momentan keine anderen Ansprechpartner*innen hat, wendet er sich in Gedanken an Klaus. Dabei spricht er folgende Inhalte an:

- Sam versichert ihm, dass er seinen Stammplatz im Bett behalten darf.
- Er thematisiert dessen Aussehen und Zustand, also dass Klaus schon ein bisschen in die Jahre gekommen ist.
- Er denkt über die Umstände nach, unter denen er Klaus bekommen hat bzw. den Grund dafür.
- Er erinnert sich an seinen Umgang mit Klaus, als er ein Kind war.

  a   Lies den Textvorschlag im Lösungsheft gründlich durch. Unterstreiche im Text in unterschiedlichen Farben, wo sich die vier in der Aufgabenstellung vorgegebenen Inhalte wiederfinden. Versuche anschließend, ohne abzuschreiben, einen eigenen Text im Umfang von mindestens 80 Wörtern zu formulieren.

  b   Schreibe diesen inneren Monolog, der wie ein Selbstgespräch aufgebaut ist, in dem sich Sam an Klaus richtet. Der Textanfang kann dir eine erste Idee zur Umsetzung liefern. Schreibe mindestens 200 Wörter.

So könnte der innere Monolog beginnen:

> *Ach Klaus, mein Kumpel, wenigstens du bist mir noch geblieben – nicht so wie Jan und Olli, die ich in Hamburg zurücklassen musste. Ohne dich wäre ich sicher gar nicht erst hierher mitgekommen. Du bist der beste Kumpel, den es gibt, und mein treuester Begleiter. Auch wenn ich zugeben muss, dass du im Alter ganz schön platt geworden bist. Aber keine Sorge, du wirst auch im neuen Bett einen Platz finden. ...*

Kapitel 2: S. 24–39

22 Ergänze die geforderten Angaben zum Kapitel.

Achte auf ...
• Sams erste Begegnung mit Enna und ihrer Mutter.
• das Verhalten der Klasse gegenüber Sam und Enna.
• Sams Verhalten gegenüber Enna.
• Nkulikiyinkas Schicksalsschläge als Kind.

a Sams Geschichte

Mögliche Überschrift: _____

_____

Handlungsort(e): _____

Personen: _____

_____

b Fes Geschichte

Mögliche Überschrift: _____

Handlungsort(e): _____

Personen: _____

_____

23 Sam, seine Eltern und Peter fallen vor dem Schultor auf. Welche der aufgeführten Aussagen könnten Gründe dafür sein? Kreuze alle zutreffenden Aussagen an.

- [ ] Sam fällt mit seiner bronzefarbenen Haut auf.
- [ ] Sams Mutter ist ungewöhnlich groß und korpulent (= dick). Ihr weites buntes Kleid reicht bis zum Boden.
- [ ] Obwohl Sam Elftklässler ist, kommt er mit drei Erwachsenen zum ersten Schultag.
- [ ] Sams Mutter ist eventuell die einzige Schwarze auf Sylt.
- [ ] Sams Mutter Felicitas trägt ein enges weißes Leinenkleid und einen eleganten Hut.
- [ ] Sam trägt auffällige Cowboystiefel.
- [ ] Sams Frisur lässt die Leute denken, dass er ein Punker ist.
- [ ] Peter ist im Ort bekannt, Sams Familie kennen die Leute aber noch nicht.

24 „ ‚Das sind Helen und ihre Tochter‘, bemerkt Peter mit einem Seitenblick auf Sam.“ (S. 25)

Peters Äußerungen und Andeutungen über Enna und Helen führen dazu, dass Sams Interesse nicht nur geweckt wird, sondern sogar „hellwach“ ist (vgl. S. 25).

a Trage in die Sprechblasen auf der nächsten Seite ein, welche von Peters Aussagen Sams Interesse wecken könnten. Ein Beispiel ist dir vorgegeben.

b Trage in das eckige Feld ein, welche Verhaltensweise die Neugierde noch steigern.

„Nun ja ...“ (S. 25)

„Peters Antwort lässt eine Weile auf sich warten.“ (S. 25)

25 a Nenne fünf Gemeinsamkeiten, die Sam und Enna an diesem ersten Tag in der 11. Klasse haben.

1 _____

2 _____

3 _____

4 _____

5 _____

b Sam fällt auf, dass Enna und er schon am ersten Tag unterschiedlich behandelt werden. Worin unterscheidet sich das Verhalten der Mitschüler*innen den beiden Neuen gegenüber? Verbinde die Satzanfänge jeweils mit dem richtigen Ende und setze die Namen in die Lücken ein.

Während _____ nett von der Klasse begrüßt wird, …	will offenbar niemand _____ ein schlechtes Gefühl geben.
Während _____ schlichtweg übergangen wird, …	grenzt der Umgang mit _____ schon fast an Verachtung.
Während _____ Interesse entgegengebracht wird, …	geht niemand auf _____ zu.
Während _____ unverschämt und provokativ angeglotzt wird, …	bleibt _____ allein.
Während _____ schnell zwei Verehrerinnen hat, …	texten die Mitschüler*innen _____ zu.

26 Besprich mit einer Gesprächspartnerin oder einem Gesprächspartner, warum das Frühstück für Sam (und seinen Vater) eine Art Stimmungsbarometer darstellt (vgl. S. 29).

Folgende Aspekte helfen euch bei euren Überlegungen:

- Sams Mutter steht nicht jeden Morgen früh genug auf, um ihm ein Frühstück zu machen.
- Oft schläft sie sehr lange und verschläft die Tage fast.

27 **a** Nadine hat Enna nicht ohne Grund bzw. Hintergedanken als Kandidatin für die Klassensprecher-wahl vorgeschlagen (vgl. S. 33). Lege dar, warum allen Anwesenden sofort klar ist, dass es sich nicht um einen ernst gemeinten Vorschlag, sondern um eine Gemeinheit gegen Enna handelt. Ergänze den Textanfang im Umfang von mindestens 80 Wörtern.

> *Es kommt öfter vor, dass bei der Kandidatensuche für Klassensprecherwahlen besonders unbeliebte oder ungeeignete Schülerinnen oder Schüler vorgeschlagen werden. Meist sollen die Vorgeschlagenen gekränkt werden, …*

b Beurteile Herrn Pitzows Umgang mit dem Vorfall und dem Wahlergebnis.

c Sprecht in der Klasse über eure Meinungen. Seid ihr euch weitgehend einig oder gibt es ver-schiedene Positionen zum Verhalten des Lehrers?

28 *„„Ich denke, es ist Zeit für eine Wahlanalyse', ruft sie in den allgemeinen Lärm."* (S. 35)

Wörtlicher Redeanteil von Nadine	Regieanweisung zur Sprechweise (Lautstärke)	Regieanweisung zum Verhalten der Klasse

a Spielt die Szene der „Wahlanalyse" mit eurer Klasse nach. Geht folgendermaßen vor:

- Teilt die Klasse in **Dreiergruppen** ein. Bestimmt in jeder Dreiergruppe jeweils jemanden, der Ennas, Nadines und Sams Rolle übernimmt.
- **Unterstreicht** auf den Seiten 35 und 36 im Buch **die Redeanteile** der jeweiligen Person bzw. Personengruppe **in vier unterschiedlichen Farben** (Nadine = Rot, Enna = Grün, Sam = Blau, Rest der Klasse = Gelb). Schraffiert in den entsprechenden Farben Regieanweisungen, die Hinweise zu Handlungen, zur Sprechweise usw. der jeweiligen Person bzw. Personengruppe geben.
- **Lest den Text** in eurer Dreiergruppe **in verteilten Rollen** und übt dabei auch die szenische Umsetzung. Übt also auch, wann und wie jemand etwas sagt und was die anderen währenddessen machen. Behaltet auch im Blick, was die im Buch erwähnte Klasse jeweils tut.
- **Lost die Reihenfolge** aus, in der ihr **die Szenen vorspielt**. Alle anderen übernehmen wäh-renddessen die Rolle der Klasse.

b Wertet die verschiedenen Umsetzungsvarianten aus. Sprecht auch darüber, wie es sich ange-fühlt hat, in die eine oder andere Rolle zu schlüpfen.

29 Lest das Gespräch zwischen Sam und Enna, das sich an die Wahlanalyse anschließt (vgl. S. 37–39), in verteilten Rollen. Geht folgendermaßen vor:

- Bleibt dafür in der Dreiergruppe.
- Die Person, die ursprünglich Nadines Part übernommen hat, achtet nun darauf, dass die beiden anderen die Redeparts angemessen lesen und betonen.
- Konzentriert euch beim Lesen, damit ein vorheriges Unterstreichen der Textanteile nicht nötig ist.

30 *„In der Nacht vor dem Tag, der unser Leben zerstören sollte"* (S. 27)

Mit dieser Formulierung kündigt sich an, dass im Leben der dreijährigen Inyana unvorstellbar grausame Dinge geschehen werden. Arbeite heraus, welche Erlebnisse und Auswirkungen auf Inyana und ihre Familie in den aufgeführten Zitaten angedeutet werden.

Zitate	Erlebnisse und Auswirkungen auf Inyana und ihre Familie
„Komm, Inyana, wir müssen hier so schnell wie möglich weg!" (S. 28)	
„Wo ist Papa?" (S. 28)	
„Eine Nachbarin hatte uns in ihrem Küchenhaus versteckt, in einer dunklen Ecke hinter Vorratssäcken und Bananenbergen." (S. 31)	
„Damals wusste ich noch nicht, dass es solche gab, deren Leben ständig in Gefahr war, und die anderen, die sich sicher fühlen konnten." (S. 31/32)	
„Einzig und allein Kanama hatte ich im Sinn. [...] Es war das Ende. Alle Kühe abgeschlachtet [...] und in Schutt und Asche unser Haus." (S. 34)	
„Wir zogen um in die Stadt, wo Verwandte meines Vaters und auch eine Freundin meiner Mutter wohnten." (S. 37)	
„‚Du bist gar kein Mädchen!', sagte er." (S. 39)	

Schreibaufgabe

31 Lies dir zuerst die beiden Schreibaufgaben gründlich durch und wähle dann eine davon aus.

1 Während des Wahlverfahrens musste sich der Klassenlehrer Herr Pitzow neutral geben und Nadines Vorschlag unkommentiert lassen. Er konnte weder Enna in Schutz nehmen, ohne sie noch mehr bloßzustellen, noch konnte er Nadines Wahl verhindern. Seine anschließende Reaktion bringt aber deutlich zum Ausdruck, was er von Nadines Verhalten hält. Zu Hause erzählt er seiner Frau von dem Vorfall.

So könnte das Gespräch beginnen:

> HERR PITZOW: Du hattest Recht. Die Mädchen können die Neue in der Klasse nicht in Frieden lassen. Wenn sich selbst die Erwachsenen das Maul über alles zerreißen, was ihnen unbekannt und nicht „normal" vorkommt, wie sollen dann die Kinder offen und tolerant sein?
> FRAU PITZOW: Wen meinst du denn? Die Tochter von dieser Helen? Was ist denn passiert? Ich dachte, ihr hättet heute die Klassensprecherwahl auf dem Programm gehabt?
> HERR PITZOW: Ja. Es lief ab wie üblich …

2 Enna ist von den Erlebnissen rund um die Klassensprecherwahl sehr aufgewühlt und berichtet zu Hause ihrer Mutter von Nadines boshaftem Verhalten, aber auch von Herrn Pitzows und Sams Reaktionen darauf. Um ihre Mutter nicht zu kränken, erzählt sie jedoch nichts von den Äußerungen, die Helen betrafen.

So könnte das Gespräch beginnen:

> HELEN: Enna, meine Liebe, was machst du denn für ein Gesicht? Ist etwas passiert?
> ENNA: Schule eben, ich bin froh, dass der Schultag rum ist. Da sind ein paar so unnötig boshafte Weiber in meiner Klasse … Nadine hat heute versucht, mir bei der Klassensprecherwahl eins reinzuwürgen. Kein Mensch weiß, warum sie das nötig hat.
> HELEN: Warum, was war denn? Magst du mir davon erzählen? …

Zur Bearbeitung der jeweiligen Schreibaufgabe stehen zwei Möglichkeiten unterschiedlichen Schwierigkeitsgrads zur Auswahl:

a Lies dir die jeweilige Aufgabenstellung gründlich durch und schreibe das Gespräch im Umfang von mindestens 100 Wörtern weiter.

Gehe dabei folgendermaßen vor:

- Überlege zuerst, welche Informationen du aus dem Buch brauchst, um den Inhalt für das jeweilige Gespräch wiedergeben zu können. Lies die entsprechenden Textstellen dann erneut.
- Suche dir eine Arbeitspartnerin oder einen Arbeitspartner und lest den Textvorschlag für das Gespräch, der im Lösungsheft abgedruckt ist, in verteilten Rollen.
- Besprecht, welche Inhalte im Gespräch vorkommen müssen.
- Versucht danach, das Gespräch aus dem Lösungsheft frei nachzusprechen.
- Schreibt dieses Gespräch nun aus eurer Erinnerung auf. So erhaltet ihr eine Lösung für die Schreibaufgabe.

b Schreibe das jeweilige Gespräch im Umfang von mindestens 200 Wörtern weiter.

Kapitel 3: S. 40–59

32 Ergänze die geforderten Angaben zum Kapitel.

> **Achte auf ...**
> - die Annäherung zwischen Sam und Enna.
> - die Beschreibung der Umgebung von Sylt (insel-spezifische Begriffe).
> - die Reaktion von Sams Vater auf die Heilerin Helen.

a Sams Geschichte

Mögliche Überschrift: _____

_____

Handlungsort(e): _____

Personen: _____

b Fes Geschichte

Mögliche Überschrift: _____

Handlungsort(e): _____

Personen: _____

33 Löse mithilfe des Buchs und zusätzlichen Recherchen im Internet das Kreuzworträtsel auf der nächsten Seite. Die fett gedruckten Wörter helfen dir bei der Suche im Internet.

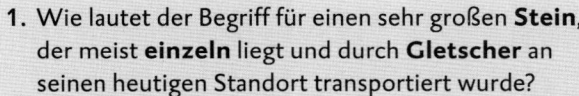

1. Wie lautet der Begriff für einen sehr großen **Stein**, der meist **einzeln** liegt und durch **Gletscher** an seinen heutigen Standort transportiert wurde?

2. Wie nennt man eine **Megalithanlage**, die in **Norddeutschland** in der späten Jungsteinzeit angelegt und noch im 17. Jahrhundert für ein „Grab für Riesen" gehalten wurde?

3. Wie nennt man im normalen Sprachgebrauch den Niedrigstand des Wassers im **Gegensatz** zum Höchststand, der **Flut**? So heißt auch der Zeitabschnitt, in dem das Wasser vom Höchststand bis zum Niedrigstand abfließt.

4. Wie nennt man die durch die Anziehungskraft des **Mondes** mitverursachte Bewegung der Wassermassen des Meeres, die an den Küsten als regelmäßiges Ansteigen und Absinken des Meeresspiegels, als **Ebbe und Flut**, in Erscheinung tritt?

5. Wie heißen die Flächen an der **Küste**, die bei **Niedrigwasser** in der Gezeitenzone **trocken** werden? Sie werden bei Niedrigwasser auch für Wanderungen genutzt.

6. Wie lautet die Bezeichnung für einen **Damm** an der **Küste**, der zum Schutz gegen **Überschwemmungen** dient und auf dem Schafe grasen?

7. Wie heißt die **größte nordfriesische Insel**, die Handlungsort der Lektüre ist und für ihre langen Strände, Ferienorte sowie das Schlickwatt auf der östlichen Seite bekannt ist?

8. Welche wetterbeständigen Tiere **grasen** auf den **Deichen** und sind fester Bestandteil des Landschaftsbilds entlang der Nordsee?

9. In welchem **Bundesland** liegt die **größte nordfriesische Insel**, die Handlungsort der Lektüre ist?

10. Die Milch welcher Tiere hat Sam bei Enna zu Hause nicht probiert und dies am Ende bereut?

11. Wie heißt der gemauerte, mit **Kacheln** belegte **Ofen**, der mit Holz beheizt wird und die Wärme sehr lange hält?

12. Wie bezeichnet man ein mit getrocknetem **Schilfrohr** statt mit Dachziegeln **gedecktes Haus**, das typisch für Sylt ist?

13. Wie nennt man die regelmäßig **überfluteten Flächen**, die den natürlichen **Übergang** zwischen Land und **Meer** bilden und auf denen krautige Pflanzen wachsen?

14. Wie lautet die Bezeichnung für die typisch **norddeutschen gelben Regenmäntel**?

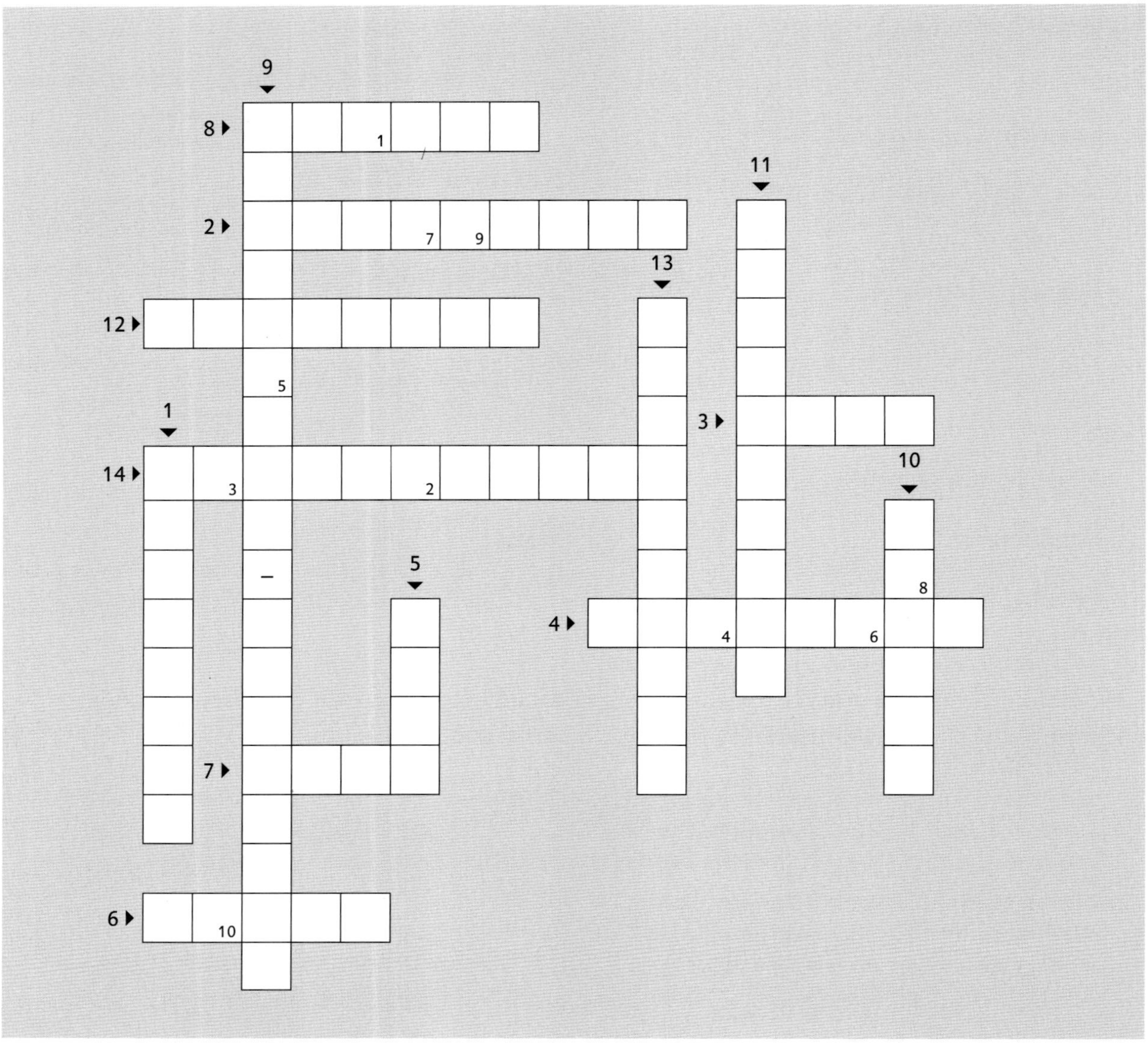

9

8▶ 1

11

2▶ 7 9

13

12▶

5

1

3▶

14▶ 3 2

10

_

5

8

4▶ 4 6

7▶

6▶ 10

Lösungswort:

1	2	3	4	5	6	7	8	9	10

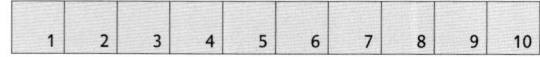

netiezeG • tlyS • bargnenüH • suahteeR • negeiZ • efahcS • ebbE • zrenneseirF • nietsloH-giwselhcS • ttaW • neseiwzlaS • hcieD • gnildniF • nefolehcaK

34 Ordne den Abbildungen die entsprechenden Begriffe aus dem Kreuzworträtsel zu. Schreibe die Begriffe jeweils auf die Linie unter das Bild.

a

b

c

d

e

f

g

h

35 Bringe die Ereignisse des ersten gemeinsamen Tages von Sam und Enna in die richtige zeitliche Abfolge, indem du sie entsprechend nummerierst.

> Ennas Hund Jona kommt auf Sam zu und trägt dazu bei, dass Sam einen herzförmigen Stein findet.

> Obwohl Sam sich selbst zunächst skeptisch über die Heilmethoden von Ennas Mutter äußert, verteidigt er diese, als er sich mit seinem Vater darüber unterhält.

> Die Stimmung zu Hause wird für Sam immer unerträglicher. Sein Vater ist offensichtlich sowohl privat als auch beruflich unglücklich und seine Mutter zieht sich zurück. Von den Problemen seiner Eltern bzw. seiner Mutter fühlt sich Sam ausgeschlossen.

> Im Watt trifft Sam zufällig auf Enna.

> Enna erzählt Sam, dass ihre Mutter Heilerin ist und sie durch Handauflegen und mit der Kraft der Steine Menschen heilt. Von ihr weiß Enna, dass der herzförmige Stein, den Sam am Strand gefunden hat, ein sogenannter Herzstein ist. Ennas Mutter sagt auch, dass zu jedem Menschen ein bestimmter Stein gehöre. Wenn man einen findet, fange etwas Neues an.

> Sam erzählt, dass er früher oft nach der Vergangenheit seiner Mutter gefragt hat, es ihm dann aber vom Vater verboten wurde.

> Sam fährt mit dem Fahrrad zu den Hünengräbern ins Watt. Er möchte aber eigentlich auch gerne sehen, wo Enna wohnt.

> Sam lernt Ennas Mutter Helen kennen.

> Enna und Sam kommen ins Gespräch und Enna lädt ihn spontan zu sich nach Hause ein. Dort ist zwar alles sehr ungewohnt für ihn, aber er fühlt sich sofort wohl.

> Sam provoziert seinen Vater, indem er andeutet, dass Ärztinnen und Ärzte doch nicht allen Menschen helfen können, so wie Luk seiner Frau. Sams Vater ist sehr getroffen und Sam weiß, dass er zu weit gegangen ist.

> Sam fährt ein weiteres Mal zu Enna, sie küssen sich und Sam vertraut sich ihr an. Er erzählt, dass mit seiner Mutter, die aus Ruanda stammt, etwas nicht stimmt und er sich Sorgen macht.

36 *„Von Munyemana lernte ich das Spiel mit den fünf Steinen, die man nacheinander in die Luft wirft und dann alle wieder fangen muss."* (S. 59)

Zeige auf, warum den Leserinnen und Lesern spätestens an dieser Stelle im Text klar wird, dass es sich bei Nkulikiyinka um Sams Mutter Fe handelt.

_____

_____

_____

_____

_____

Schreibaufgabe

37 *„Plötzlich war Fe aufgestanden und hatte begonnen, Steine vom Boden zu sammeln. Murmelgroße, runde Steine, die sie hochwarf, in den Sand fallen ließ und eine Weile musterte, um ihre Lage zu studieren. Dann nahm sie einen auf, warf ihn in die Luft und griff blitzschnell nach dem nächsten, bevor sie den ersten wieder fing.“* (S. 42)

Am Ende des dritten Kapitels weiß man, dass Fe dieses Spiel aus ihrer Kindheit kennt und von Munyemana, einem mit ihr befreundeten Nachbarsjungen, gelernt hat. Welche Gedanken gehen Fe vermutlich in dem Moment durch den Kopf, als sie sich an dieses Spiel aus Kindertagen erinnert, es ausprobiert und noch perfekt beherrscht?

a Formuliere drei mögliche Gedanken, z. B. dazu, woher sie das Spiel kennt, mit wem sie es gespielt hat, was sie daran so mochte oder welches Ereignis die Erinnerung daran in ihr auslöst. Achte darauf, dass die Gedanken aneinandergereiht einen inneren Monolog von mindestens 100 Wörtern ergeben.

> **Tipp**
> Eine Hilfestellung zur Bearbeitung der Aufgabe findest du im Lösungsheft. ■

So könnte der innere Monolog beginnen:

> *Wie konnte ich es nur vergessen? Das Spiel mit den fünf Steinen. Stunden, Tage habe ich mit diesem Spiel zugebracht. Der gute Munyemana hat es mir beigebracht. Dieser liebe Freund, der mir das Kompliment machte: „Du bist gar kein Mädchen!" Was hätte ich nur ohne ihn gemacht? ...*

 b Schreibe Fes inneren Monolog im Umfang von mindestens 200 Wörtern.

Kapitel 4: S. 60–74

38 Ergänze die geforderten Angaben zum Kapitel.

> **Achte auf ...**
> - Sams Verhältnis zu seinen Eltern (Vorschlag des Vaters, Reaktion der Mutter).
> - Sams heimliche Beobachtungen in Helens und Ennas Haus.
> - die Bedeutung der unterschiedlichen Namen von Sams Mutter („der vierte Name").
> - die langsame Erkenntnis, dass Fe eine „solche" ist (Hinweise auf den Völkermord in Ruanda).
> - die Belästigung von Fe durch die drei Jungen und die Folgen für sie.

a **Sams Geschichte**

Mögliche Überschrift: _____

_____

Handlungsort(e): _____

_____

Personen: _____

_____

b **Fes Geschichte**

Mögliche Überschrift: _____

Handlungsort(e): _____

Personen: _____

39 *„Ist doch überflüssig, dass es alle merken. [...] Wenn es alle wissen, wirst du nur mit reingezogen."* *(S. 60)*

Mit diesen Worten antwortet Enna auf Sams Frage, warum sie die Pause nicht mit ihm verbringt. Erkläre, was Enna Sam vermutlich damit sagen möchte.

_____

_____

_____

_____

_____

_____

40 Was erfährt Sam über Ennas Vater? Kreuze alle zutreffenden Aussagen an.

☐ Helen und Ennas Vater haben sich kurz nach Ennas Geburt einvernehmlich getrennt.

☐ Ennas Vater bzw. Erzeuger hat die schwangere Helen schon vor Ennas Geburt verlassen.

☐ Enna kennt ihren Vater nicht persönlich.

☐ Helen sagt über Ennas Vater, dass er ein netter Typ gewesen sei.

☐ Helen hat lange nicht wahrhaben wollen, dass sie von ihrem Partner verlassen worden ist.

☐ Helen beschreibt Ennas Vater als schrägen Vogel, der nicht fürs Zusammenleben mit einer Familie geeignet ist.

☐ Enna und Helen hoffen immer noch, dass Ennas Vater eines Tages zurückkommt.

41 a Nenne drei Gründe dafür, dass Enna sich und ihre Mutter als gutes Team bezeichnet.

1 _____

2 _____

3 _____

b Nenne die einzige Sache, die Enna am Zusammenleben mit ihrer Mutter als wirklich störend empfindet. Vervollständige dazu die beiden Satzanfänge.

Enna mag nicht, dass _____

Diese Veränderung verbessert ihre Situation nämlich nicht, weil _____

42

a   Sieh dir im Internet auf nachfolgender Seite (oder auf YouTube) die Zusammenfassung der Novelle „Das Erdbeben in Chili" an, die Enna und Sam im Deutschunterricht behandeln:

http://sommers-weltliteratur.de/chili

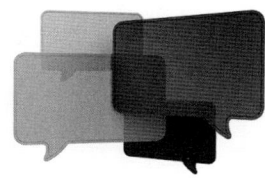

b   Vor dem Hintergrund der Handlung der Novelle diskutiert die Klasse im Deutschunterricht darüber, ob man als vernünftiger, frei denkender Mensch überhaupt eine Chance hat, sein Leben selbst zu bestimmen oder ob eigentlich der Zufall die größte Rolle spielt (vgl. S. 65).

Sprecht zuerst in der Klasse darüber, welche Zufälle eurer Meinung nach unser Leben bestimmen bzw. auf welche Dinge wir keinen Einfluss haben. Einige Beispiele findet ihr bereits in den Sprechblasen. Ergänzt am Ende eurer Diskussion vier Punkte, die euch besonders wichtig erscheinen.

Man hat keinen Einfluss darauf, ...

... wo man geboren wird, z. B. in Deutschland.

... wie man von Natur aus aussieht, z. B. groß oder klein.

... wie man erzogen wird, z. B. streng oder religiös.

 c   Erörtert danach, welche Bereiche des Lebens man eurer Meinung nach selbst bestimmen kann.

43

a   *„ ‚[...] wenn ich mich nicht täusche, haben wir uns alle etwas eingelebt ...' [...] Hat sein Vater ihm etwa zugezwinkert?" (S. 66)*

Nenne den Grund dafür, warum Luk seinem Sohn hier wahrscheinlich zugezwinkert hat.

_____

_____

_____

_____

b Wie reagieren Sam und Fe auf Luks unerwartete Neuigkeit? Verbinde die Aussagen oder Reaktionen mit der entsprechenden Person.

„Ein Probejahr bleibt ein Probejahr! [...]
Das haben wir so abgemacht!" (S. 67)

„[...] flache Hand saust auf den Tisch, so
heftig, dass es knallt und wehtut" (S. 67)

„Zunächst kommt keine Reaktion, nur dieses
ausdruckslose Abwarten" (S. 67)

„Hmm, ja, das sei okay" (S. 67)

„[Das] Okay klingt nach nichts, höchstens
nach ‚Macht doch, was ihr wollt.'" (S. 67)

„Übrigens lebt man hier gefährlich!" (S. 67)

44 Sam beobachtet durchs Fenster, wie Helen mit einer Patientin eine Sitzung abhält.

 a Spielt die beobachtete Szene nach. Bildet dazu eine Dreiergruppe. Zwei von euch spielen die sichtbaren Handlungen der Sitzung nach, ohne zu sprechen. Die dritte Person nimmt die Rolle der Beobachterin oder des Beobachters ein und achtet darauf, dass die Handlung wie im Text beschrieben abläuft.

b Fast bekommt man den Eindruck, als ob Sam sich die Sitzung mit einer Heilerin ein bisschen spektakulärer vorgestellt hätte.

Sprecht zu dritt darüber, wie sich vermutlich die Leute im Dorf (und vielleicht auch Sam) so eine Sitzung vorgestellt haben.

45 Für Sams Mutter spielen ihre unterschiedlichen Namen eine bedeutende Rolle.

 a Trage in die Tabelle ein, was man über ihre verschiedenen Namen erfährt.

Name, ...		Bedeutung
... den ihr ihr Vater bei der Geburt gab.		
... den ihr ihr Vater als Kosenamen gab.		
... auf den sie getauft wurde.		
... den ihr ihr Mann als Kosenamen gab.		zärtliche Abkürzung
... mit dem sie sich bis heute am stärksten identifizieren kann.		

Bezeichnung, ...		Bedeutung
... die als Zusatz zum Namen im Pass eingetragen wurde.		Fe sieht diese Kennzeichnung als Todesurteil.
... die Fe sich selbst zuschreibt, als ihr klar wird, dass sie auch zu den Menschen gehört, die getötet werden sollen.		*Suche hierfür auf den Seiten 65/66 im Buch ein aussagekräftiges Zitat.*

b   Finde heraus, welche Bedeutung dein Vorname hat. Nutze dazu beispielsweise das Internet. Frage außerdem deinen Vater oder deine Mutter, warum sie sich für genau diesen Namen entschieden haben und ob ihnen die Bedeutung des Namens bewusst war.

c   Gibt es einen Spitznamen, den deine Familie oder Freunde für dich haben? Wie findest du ihn?

_____

_____

d   Tausche dich mit einer Arbeitspartnerin oder einem Arbeitspartner über die Ergebnisse der vorhergehenden Teilaufgaben aus.

46 a   Fe ist jetzt zwölf Jahre alt und die Ermordung ihres Vaters liegt neun Jahre zurück. Sie leidet zwar darunter, sieht aber keinen direkten Zusammenhang zu ihrer eigenen Situation.
Sie heißt seither nicht nur Felicitas („Glück"), sondern ist trotz ihrer einfachen Herkunft auch in gewisser Weise privilegiert, wird verwöhnt und hat eigentlich Glück, wie ihr Name verspricht. Nenne zwei Gründe, die belegen, dass sie Glück hat.

1   _____

_____

2   _____

_____

  b

„Als eine, die um alles kämpfen muss, weil sie es nicht verdient, auf der Welt zu sein." (S. 65)

„Wie soll ich dir beschreiben, was es mit dir macht, wenn du in den Augen der anderen nur Ungeziefer bist?" (S. 66)

Felicitas wird mehr und mehr klar, dass sie zur Volksgruppe der Tutsi gehört, also zu den Menschen, die ausgerottet und umgebracht werden sollen.

Informiere dich mithilfe der Informationsquellen auf den Seiten 10/11 im Arbeitsheft über den Völkermord in Ruanda, damit du Fes Situation besser verstehst.

c Erkläre nun anhand deines Wissens über den Völkermord in Ruanda, von welchem „Tötungs-plan" bzw. von welchem „Todesurteil" nach einem kurzen „Blick in den Pass" in Fes Geschichte die Rede ist (vgl. S. 63).

_____

_____

_____

_____

_____

_____

_____

47

Tötungsplan	Todesurteil	*Ungeziefer*	gnadenlos das Hassgetriebe
Würgegriff	blind vor Hass und Wut	**Angst**	*Schmerzen* fremde Hände
Spuren	**EKELTE SICH**	schämte sich	*schuldig* Feindesland

a Rekonstruiere anhand der Begriffe, was Fe durchleben muss und was ihr auf dem Schulweg widerfahren ist.

b Tausche dich mit einer Gesprächspartnerin oder einem Gesprächspartner über deinen Lösungs-vorschlag aus.

48 a *„Das schlechte Wesen kommt nicht zu Gast; man baut ihm ein Haus."* (S. 72)

Was meint Fes Mutter wohl, als sie dies sagt? Welche der folgenden Erklärungen scheint dir in dem Zusammenhang am passendsten oder treffendsten formuliert? Begründe deine Auswahl.

☐ Wenn dir etwas Schlechtes widerfährt, hast du bestimmt eine Mitschuld.

☐ Schlimme Dinge passieren dir nur deshalb, weil du vorher etwas gemacht hast, das das Schlimme begünstigt. Es ist kein Zufall.

☐ Du hast es sicher provoziert, wenn dir etwas Negatives passiert. Du bist selbst schuld.

☐ Du hast es ja nicht anders gewollt. Das geschieht dir recht.

☐ Du bist selbst schuld, weil du es herausgefordert hast.

Begründung: _____

_____

_____

_____

b   Erkläre, warum diese Äußerung dazu beiträgt, dass Fe sich an der Belästigung durch die drei Jungen selbst die Schuld gibt und sie ihrer Mutter deshalb nichts davon erzählt.

_____

_____

_____

_____

_____

_____

Schreibaufgabe

49   *„Ja, ich war schrecklich einsam ohne ihn."* (S. 74)

Unzählige Male stellt sich Fe vor, dass sie Gelegenheit hätte, mit ihrem ehemals besten Freund Munyemana ein vertrautes Gespräch zu führen. Immer wieder überlegt sie sich, was sie ihm sagen möchte und was er ihr antworten würde. Aber im Grunde ist ihr klar, dass es dieses Gespräch nie geben wird. Deshalb schreibt sie ihm nach dem Vorfall mit den Jungen einen Brief, den sie am Ende aber nicht abschickt.

Verfasse diesen Brief, in dem Fe ihre Einsamkeit schildert und beschreibt, welche Bedeutung Munyemana für sie hat, z. B. Erinnerungen an die gemeinsam verbrachte Zeit. Sie versucht auch, eine Erklärung dafür zu finden, warum sie sich aus den Augen verloren haben und warum er ihr aus dem Weg geht.

So könnte der Brief beginnen:

> Lieber Freund Munyemana,
>
> warum gehst du mir denn nur aus dem Weg? Was habe ich dir getan? Du fehlst mir so sehr. Ich bin so schrecklich einsam ohne dich. Du bist mir doch immer wie ein Bruder gewesen, nicht nur ein Nachbar, nicht nur ein Freund. Als ich niemanden hatte, weil meine Mutter arbeiten musste, hatte ich dich. Ich weiß noch, wie du anfangs nicht mit einem Mädchen spielen wolltest. Als du aber gemerkt hast, dass ich schneller war als du, ...

Entscheide dich für einen der folgenden Schreibaufträge unterschiedlichen Schwierigkeitsgrads.

a   Ergänze den Brief um mindestens 80 Wörter. Diese Stichwortsammlung kann dir eine zusätzliche Hilfestellung sein:

- Er hielt sie mal für eine gute Spielkameradin (kein Mädchen).
- Liegt sein Verhalten daran, dass sie aufs Gymnasium geht und sich für etwas Besseres hält?
- Liegt sein Verhalten daran, dass sie „eine solche" ist? Er allerdings auch.
- Warum verbindet es die zwei nicht, dass sie beide „solche" sind?
- Sie möchte ihm ein Geheimnis anvertrauen. Hat er davon etwa schon gehört?

b   Ergänze den Brief um mindestens 150 Wörter.

Kapitel 5: S. 75–90

50 Ergänze die geforderten Angaben zum Kapitel.

a Sams Geschichte

Mögliche Überschrift: _____

_____

Handlungsort(e): _____

_____

Personen: _____

_____

Achte auf ...
• die Beschreibung der stürmischen Nordsee.
• Fes Verschwinden sowie Sams und Luks Reaktion darauf.
• Sams Fragen nach Fes Krankheit und ihrer Vergangenheit in Ruanda.
• Informationen über den Völkermord in Ruanda.
• Informationen über das Kennenlernen von Luk und Fe.
• Fes Erinnerung an Kanama und Munyemana.
• Fes Entschluss.

b Fes Geschichte

Mögliche Überschrift: _____

Handlungsort(e): _____

Personen: _____

51 Wer ist mit „der Blanke Hans" (S. 75) wohl gemeint? Kreuze die korrekte Erklärung an.

☐ „Blanker Hans" ist ein bildhafter Ausdruck für die tosende Nordsee während Sturmfluten.

☐ „Blanker Hans" heißen die glänzenden, nassen Felsen an der Nordseeküste, die bei Sturm von den Wellen blankgespült werden und an die frisch gekämmte Frisur eines Mannes erinnern.

52 Bereite den ersten Teil des Kapitels (S. 75–77) für ein sogenanntes **Schwarmlesen** vor. Gehe dabei folgendermaßen vor:

a   Unterstreiche zuerst die Textstellen, in denen der Sturm bildhaft beschrieben wird oder Hinweise auf den Sturm enthalten sind, z. B. „der Blanke Hans", „Orkan" oder „starken Wind".

b   Findet anschließend eine*n Freiwillige*n, die oder der bereit ist, den ersten Teil des Kapitels (S. 75–77) sehr **langsam und laut** vorzulesen. **Alle anderen** lesen dann nur **die Textstellen, die ihr jeweils unterstrichen habt**, laut mit. So entsteht der „Schwarm". Es müssen nicht immer alle an den gleichen Stellen mitlesen, da vermutlich auch nicht alle die gleichen Formulierungen unterstrichen haben.

Beispiel:
„Sam schmeckt jetzt Salz auf den Lippen, während er sein Fahrrad gegen einen <u>starken Wind</u> aus dem Schultor schiebt." (S. 75)

„Sam schmeckt jetzt Salz auf den Lippen, während er sein Fahrrad gegen einen starken Wind aus dem Schultor schiebt."

starken Wind

53 **a** Suche dir eine Arbeitspartnerin oder einen Arbeitspartner. Bereitet das Gespräch zwischen Sam und Luk so vor, dass ihr es in verteilten Rollen lesen könnt (vgl. S. 83–87).

Unterstreicht Sams wörtliche Redeanteile blau und die von Luk grün. Manche Textteile sind in indirekter Rede oder als Gedanken wiedergegeben. Versucht, auch diese Stellen in wörtliche Rede umzuformulieren.

So könnte das Gespräch beginnen:

> SAM: Dad … was ist los mit Mum?! Glaubst du, dass sie …?
> LUK: Ich weiß nicht!
> SAM: Aber was ist los mit ihr? Ist sie krank oder was? Ich meine …
> LUK: Ja, vielleicht ist sie krank. Auf jeden Fall so tief verletzt, dass sie sich nicht davon erholen kann. …

b Lest das Gespräch in verteilten Rollen. Achtet auf eine angemessene Betonung und Lautstärke.

54 Nach einiger Zeit wird Fe von Helen nach Hause gebracht. Sam erfährt, dass seine Mutter schon seit Mittag bei ihr war und ist verärgert, dass Helen nicht Bescheid gegeben hat. Helen erklärt jedoch, dass Fe erwachsen sei und dies selbst hätte tun können, wenn sie es gewollt hätte.

a Kläre zunächst für dich in Gedanken folgende Fragen:

1 Was meint Helen damit, wenn sie sagt: *„Weißt du, Sam, manchmal bricht plötzlich etwas auf. Wie ein Erdrutsch ist das, und wenn so etwas geschieht, verliert alles andere an Bedeutung."* (S. 90)

2 Welchen Rat gibt Helen Sam anschließend?

3 Was haben Helen und Fe vermutlich besprochen?

4 Welchen Entschluss fasst Fe im Laufe des Gesprächs mit Helen?

5 Womit hat Luk wahrscheinlich nicht gerechnet?

b Verbinde die Anfänge der möglichen Antwortsätze mit dem passenden Ende. Trage dann in den Kreis die jeweilige Nummer der Frage ein, zu der der Antwortsatz gehört.

○ Durch das Gespräch ist Fe offenbar bewusst geworden, …	um sie dadurch besser verstehen zu können.
○ Durch die Begegnung mit Helen konnte Fe ihr Schweigen durchbrechen und sich eingestehen, …	doch ist er davon ausgegangen, dass sie ihn dabei an ihrer Seite haben möchte, was nun jedoch nicht der Fall ist.
○ Es ist anzunehmen, dass Helen als Heilerin eine talentierte Zuhörerin ist, und es ihr gelungen ist …	dass es für sie keinen anderen Weg gibt, als in ihr Heimatland zurückzukehren und sich dort mit der Vergangenheit auseinanderzusetzen.
○ Helen rät Sam, mit seiner Mutter zu sprechen, …	Fe über ihre Vergangenheit, ihre Flucht und ihre Schuldgefühle zum Reden zu bringen.
○ Sams Vater hat zwar erwartet, dass Fe eines Tages in ihr Heimatland reisen will, …	dass sie durch ihre Angst und ihre unterdrückten Schuldgefühle krank geworden ist und jetzt an sich denken und sich ihrer Verantwortung stellen muss.

Schreibaufgabe

55 *„Als ich [Munyemana] zum ersten Mal mit seiner Freundin sah, wusste ich, dass ich verloren hatte. Es kränkte mich gewaltig, doch ich hatte meinen Stolz und redete mir ein, er hätte mich auch nicht verdient. Statt ihm allzu lange nachzutrauern, fing ich an, andere Pläne in den Vordergrund zu schieben."* (S. 80)

Nach dieser enttäuschenden Erkenntnis verfasst Fe einen Eintrag in ihr Tagebuch. Das Zitat gibt auch Auskunft darüber, was der Tagebucheintrag thematisch enthalten soll. Du hast wieder zwei Aufgaben unterschiedlichen Schwierigkeitsgrads zur Wahl:

a Vervollständige Fes Tagebucheintrag. Schreibe mindestens 80 Wörter. Nutze als Hilfestellung die Liste der Themen, die das Zitat vorgibt. Fe schreibt also ins Tagebuch, dass …

- sie gekränkt und traurig ist.
- er sie eigentlich sowieso nicht verdient hat.
- sie zu stolz dafür ist, ihm lange nachzutrauern.
- sie lieber andere Pläne (außer einer Hochzeit mit Munyemana) macht.
- sie z. B. lieber perfektes Englisch lernen möchte.
- sie deshalb vielleicht ins Ausland gehen sollte.

So könnte Fes Tagebucheintrag beginnen:

> *Liebes Tagebuch,*
>
> *es hat mich tief getroffen, dass ich heute mit eigenen Augen Munyemana zusammen mit seiner Freundin sehen musste. Jetzt wird mir auch klar, warum er mir keine Beachtung mehr geschenkt hat. …*

b Verfasse Fes Tagebucheintrag im Umfang von mindestens 150 Wörtern.

Transition (S. 91–100)

56 Ergänze die geforderten Angaben zum Kapitel.

a Sams Geschichte

Mögliche Überschrift: _____

_____

Handlungsort(e): _____

Personen: _____

b Fes Geschichte

Mögliche Überschrift: _____

Handlungsort(e): _____

Personen: _____

Achte auf …
• Fes Flucht aus Ruanda.
• das Verhältnis zwischen Sam und seinem Vater.
• Sams Reise nach Kigali.
• Ennas Auftrag an Sam (Tagebuch).

57 Das englische Wort „Transition" heißt übersetzt „Übergang", „Umbruch", „Austausch" oder „Wandel".

a Nenne den Ort (Namen der Stadt), an dem sich im Kapitel „Transition" die Wege von Fe und Sam in ihrer jeweiligen Geschichte am Flughafen kreuzen.

_____

b Vergleiche die beiden Flugreisen bzw. die Situation der drei Reisenden. Trage hierfür die Informationen in die Tabelle ein.

Vergleichsaspekt	Die junge Frau Felicitas	Sam und sein Vater Luk
Alter der Reisenden zum Zeitpunkt der Reise	ca. 20 Jahre alt	16 und 57 Jahre alt
Reisejahr		
Startpunkt und Zielort der Reise		
Grund für die Reise		Wiedersehen mit der Mutter bzw. Ehefrau, Besuch des Heimatlands der Mutter bzw. Ehefrau
Gefühlslage während der Reise		
Erwartungen/ Hoffnungen an das Reiseziel	Keine Lebensgefahr mehr, Überleben sichern, Sicherheit	
Tatsächliche Situation am Reiseziel		

58 *„Am Abend vor der Reise durfte er zum ersten Mal bei Enna übernachten. Helen hatte nichts dagegen"* (S. 99)

a Beschreibe in maximal zwei Sätzen, wie Sams Vater Luk die Sache sieht.

b Zitiere die Textstelle, in der Luk trotz Vorbehalten seine Erlaubnis für die Übernachtung erteilt.

59 a Welche Idee entsteht für die Zeit, in der Sam in Ruanda ist? Kreuze alle zutreffenden Aussagen an.

☐ Sam darf während seiner Reise Ennas Tagebuch lesen, um sich ihr näher zu fühlen.

☐ Sam schenkt Enna ein Tagebuch, das sie führen soll, während er nicht bei ihr sein kann.

☐ Enna schenkt Sam ein Tagebuch, das er als Reisetagebuch für sie schreiben soll.

☐ Enna wünscht sich, dass er alles für sie aufschreibt, damit sie bei seiner Rückkehr etwas Besonderes teilen können.

☐ Enna schenkt Sam einen Reiseführer von Ruanda, in den sie eine persönliche Widmung schreibt.

b Beschrifte das Buch und male es in der entsprechenden Farbe an.

Schreibaufgabe

60 *„Mum! Wie es wohl sein wird, wenn sie sich endlich wiedersehen? Nach immerhin fast einem halben Jahr ... Nie hat sie geschrieben."* (S. 94/95)

Dass sich Sams Mutter in der Zeit ihrer Abwesenheit kaum aus Ruanda gemeldet hat, löst bei Sam ein ungutes Gefühl aus. Zumindest zu Weihnachten möchte Sam ihr schreiben und berichten, wie komisch es sich anfühlt, dass sie die Festtage nicht gemeinsam in Hamburg verbringen. Er will sie auch fragen, um welche Art von Suche es sich handelt, von der Helen ihm flüchtig erzählt hat. Außerdem möchte er sie wissen lassen, dass sein Vater und er sie sehr vermissen.

Wähle die Schreibaufgabe mit dem für dich passenden Schwierigkeitsgrad aus:

a Unterstreiche zuerst im Text der Aufgabenstellung die Themen, die in deinem Brief unbedingt enthalten sein müssen. Erstelle daraus eine Liste mit den Themen, die du im Brief erwähnen musst. Vervollständige anschließend nachfolgenden Brief an Sams Mutter (mind. 80 Wörter).

So könnte der Brief beginnen:

> Liebe Mum,
> ich bin 's, dein Sohn, der dich sehr vermisst und es kaum noch aushalten kann, bis wir uns sehen.
> Zumindest an Weihnachten möchte ich dir jetzt auch einmal schreiben, die kurzen Telefonate waren
> irgendwie nicht so persönlich, wie ich es mir gewünscht hätte. Du weißt ja, dass Dad den Tapferen
> spielt und sich alle Mühe gibt, ...

b Schreibe Sams Brief an seine Mutter. Dein Text sollte mindestens 150 Wörter lang sein.

Lösungsvorschläge

A   Vor dem Lesen: Vorwissen aktivieren und aufbauen

Der Klappentext

1 *Textarbeit*

2 a) Sam

b) 16 Jahre

c) in ein Mädchen namens Enna

d) bei seinen Eltern

e) zuerst in Hamburg, dann auf Sylt

f) aus Ruanda (Afrika)

3 – Sam muss überstürzt umziehen, seine Mutter wird immer unnahbarer und zwischen seinen Eltern gibt es Eheprobleme. Aber über die Probleme wird geschwiegen.

+ Positiv ist, dass Sam sich in eine Mitschülerin verliebt, mit der er über alles reden kann.

4 a)

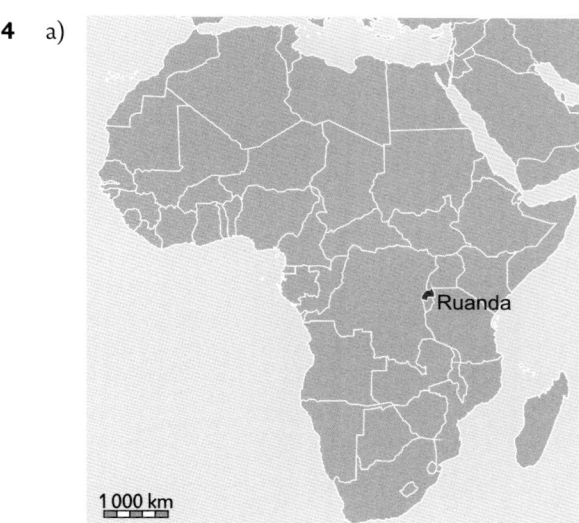

b)

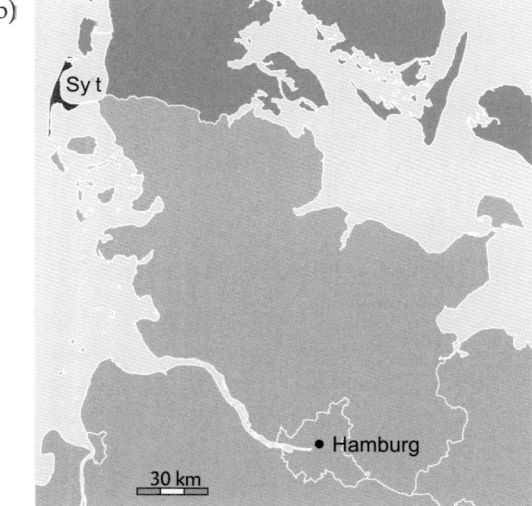

Vermutungen zu Zitaten aus dem Buch

5 a) *So könnten deine spontanen Gedanken lauten:*
- Wer ist Kanama? Ungewöhnlicher Name.
- „Kanamas Kopf" Mord?
- Wurde ein Gewaltverbrechen verübt?
- Jemand Geliebtes wurde ermordet.
- Jemand scheint traumatisiert zu sein, seither ist die Person vielleicht stumm.

b) *Gruppenarbeit*

6 *Gruppenarbeit*

Buchbesprechung

7 *Leseauftrag*

8 a) Hamburg, Sylt

b) Großbritannien, Ruanda (Afrika)

c) Arzt, Wunderheilerin

d) (Völkermord in) Ruanda, Beziehung, Ausgrenzung

e) Enna (= Freundin von Sam), Hanna (= Hanna Jansen, Autorin des Buchs)

9 *Folgendes solltest du unterstrichen haben:*

a) *„bei dem ihre gesamte Familie getötet wurde"* (Z. 5/6)

b) *„wird immer depressiver"* (Z. 7)

c) *„Für Sam ist der Umzug nach Sylt zunächst ein Schlag ins Gesicht"* (Z. 11/12)

d) *„Seltsamerweise freundet er sich dagegen mit Enna an, die niemand in der Klasse sonst mag – auch, weil ihre Mutter als Wunderheilerin einen zwielichtigen Ruf hat."* (Z. 16–21)

e) *„Von der Begegnung mit Ennas Mutter kehrt Sams Mutter völlig verwandelt zurück. Sie teilt ihrem Mann und ihrem Sohn mit, dass sie beschlossen habe, nach Ruanda zurückzugehen"* (Z. 32–35)

f) *„Die Geschichte beginnt in Deutschland und stellt dar, welche Folgen die traumatischen Erlebnisse von Sams Mutter nicht nur für sie, sondern für die ganze Familie haben."* (Z. 45–49)

g) *„anders gedruckte Passagen [...], in denen Sams Mutter von ihrem früheren Leben in Ruanda [...] berichtet."* (Z. 62–66)

h) *„Tagebuchaufzeichnungen für Enna, in denen Sam seine Erlebnisse in Ruanda reflektiert."* (Z. 78/79)

Hintergrundinformationen zur Handlung

10 a)

2	Täter, also Umsetzer des Völkermords, war die (Volks-)Gruppe der Hutu. Dabei handelt es sich eigentlich nicht um eine ethnische Gruppe, sondern eine rein wirtschaftliche Unterscheidung, da ursprünglich Ackerbauern, die weniger als zehn Kühe besaßen, als Hutu bezeichnet wurden.
4	Die (spätere) Hutu-Regierung rächte sich an der Tutsi-Minderheit für die jahrzehntelange Unterdrückung. Es kam zu Vertreibungen, Massakern und Hass gegen die Tutsi. Als das Flugzeug des Hutu-Präsidenten abgeschossen wurde, wurde zum Völkermord an den Tutsi aufgerufen.
3	Durch die Einteilung, die ursprünglich von den deutschen und belgischen Kolonialherren vorgenommen worden waren, verschlechterte sich der Status der ohnehin wirtschaftlich schlechter gestellten Hutu weiter. Dies führte schließlich zur Auflehnung und zum Hass gegen die privilegierten Tutsi.
1	Opfer des Völkermords war die (Volks-)Gruppe der Tutsi, was eigentlich keine Bezeichnung für eine ethnische Gruppe, sondern ursprünglich für wohlhabendere Familien mit mehr als zehn Kühen war.

b) *Neben folgenden Textstellen könntest du die Schlagworte notiert haben:*

- Opfer: Z. 2–9
- Täter: Z. 6/7
- Konflikt: Z. 19–47
- Auslöser: Z. 73/74 (auch: Z. 48–74)

B   Während des Lesens: Personen beschreiben, Themen verstehen

11 *Steckbrief Sam*
Name: Samuel
Spitzname: *Sam*
Alter: 16 Jahre
Aussehen: Er sieht aus wie seine Mutter, nur mit hellerer Haut (heller Bronzeton) und lockigen statt krausen Haaren. Er ist hübsch, ein „Frauentyp".
Familiensituation, Eltern: Er ist Einzelkind und wohnt bei seinem Vater Luk (erfolgreicher Arzt aus Deutschland) und seiner Mutter Felicitas (aus Ruanda). Sam weiß nicht, warum es seiner Mutter schlecht geht. Sein Vater tut alles, um auf seine Frau Rücksicht zu nehmen. Auch Sam muss dies tun und daher zurückstecken. Er weiß anfangs kaum etwas über die Vergangenheit seiner Mutter.
Wohnort(e): zuerst in Hamburg, dann auf Sylt
Freunde/Bezugspersonen: In Hamburg ist er mit Jan und Olli sehr gut befreundet („siamesische Drillinge"). Auf Sylt verliebt er sich in seine Klassenkameradin Enna und führt eine Beziehung mit ihr. Er fühlt sich von ihr verstanden, vertraut ihr, findet bei ihr Zuflucht und Zuversicht für die Zukunft, obwohl sich seine Eltern am Ende trennen. Auch sein Plüschgorilla Klaus ist gewissermaßen eine „Bezugsperson" bzw. ein treuer Begleiter aus Kindertagen.
Situation in der Schule: Er tut sich auf Sylt zunächst schwer, ist in der Schule aber ein Mädchenschwarm. Er freundet sich mit der Außenseiterin Enna an. Er spricht fließend Englisch und ist gut in Deutsch.
Hobbys: Er liebt das Schwimmen (war in Hamburg Mitglied eines Schwimmvereins, hat auf Sylt ein Waveboard) und das Fotografieren (empfindet den Fotoapparat als „drittes Auge").
Eigenschaften, Gefühlswelt und Vorlieben: Er liebt Wasser, ist traurig wegen seines Wegzugs aus Hamburg und vermisst seine Freunde anfangs sehr (kann sich später von ihnen distanzieren). Er ist hilfsbereit, setzt sich für Enna ein, wenn er findet, dass sie von Mitschülerinnen oder Mitschülern unfair behandelt wird. Er ist sensibel, wenn es um das Verhalten seiner Mutter oder deren Beziehung zum Vater geht. Er ist

in Ruanda eifersüchtig auf Jean-Claude, der sich gut mit seiner Mutter versteht und mit ihr zusammenwohnt.
Veränderungen, die er durchläuft: Er merkt, dass die Geschichte Ruandas auch seine Geschichte ist. Er öffnet sich gegenüber Enna und hat in ihr eine Gesprächspartnerin gefunden, die ihn versteht. Durch die Liebe zu Enna kann er das Auseinanderbrechen seiner Familie und die Trennung seiner Eltern besser verkraften. Abgesehen von der Trennung seiner Eltern geht für ihn das Leben positiv weiter, er bleibt bei Enna auf Sylt.

Steckbrief Felicitas
Name und Spitzname in Deutschland: *Felicitas,* wird von Luk Fe oder „meine Fee" genannt
Name und Spitzname in Ruanda: Nkulikiyinka („die der Kuh hinterherläuft"); Inyana („Kälbchen") als Kosename ihrer ruandischen Familie
Alter: ca. 41 Jahre; 16 Jahre jünger als ihr Mann
Aussehen: Sie sieht jünger aus, als sie ist, und ist unwahrscheinlich hübsch, hat eine dunkle Hautfarbe und dichtes, kurz geschorenes krauses Haar. Sie kleidet sich stilvoll, meist farblich aufeinander abgestimmt und fällt in Deutschland auf, worauf sie es offenbar auch ein bisschen anlegt.
Situation innerhalb der deutschen Familie: Sie ist mit dem deutschen Arzt Luk verheiratet, der sie anhimmelt und aufrichtig liebt. Gemeinsam haben sie ein Kind. Fe ist unglücklich und es bestätigt sich der Verdacht, dass sie ihren Mann nicht liebt und auch nie geliebt hat. Dennoch ist sie ihm dankbar für das Leben, das er ihr in Deutschland bietet. Selbst ihrem Sohn gegenüber ist sie ungewöhnlich distanziert.
Situation ihrer Familie in Ruanda: Alle Familienmitglieder wurden ermordet. Sie ist die einzige Überlebende ihrer Familie. Sie hatte zwei Schwestern (6 und 8 Jahre älter), ihr Vater wurde ermordet, als sie 3 Jahre alt war. 1994 floh sie ohne ihre Mutter und ihre Schwestern vor dem Genozid (Völkermord an ihrer Volksgruppe) nach London, von dort aus kam sie nach Deutschland.

Wohnort(e): Aus Fes Geburtsort in Ruanda (kleines Dorf) flieht ihre Mutter mit den Kindern nach Kigali (Hauptstadt von Ruanda). Fe flieht später nach London, trifft dort ihren Mann und geht mit ihm nach Hamburg, dann nach Sylt.

Eigenschaften, Probleme, Gefühlswelt und Vorlieben: Sie wird von nächtlichen Albträumen geplagt, verbringt Tage im Bett, meidet Außenkontakte und bekommt Panikattacken (z. B. im Kaufhaus). Sie ist traumatisiert, kann ihre Schuldgefühle nicht loswerden und hat eine tief verwurzelte Sehnsucht nach ihrer Heimat. Sie hat seit ihrer Flucht aus Ruanda Schuldgefühle. Sie hat eine leise, weiche Stimme und legt Wert auf tadelloses Benehmen. Sie ist verschlossen, kühl und distanziert, auch gegenüber ihrem Mann und ihrem Sohn. Sie kann nicht schwimmen. Sie ist für ihre einfache Herkunft sehr gebildet.

Veränderungen, die sie durchläuft: Als Kind ist sie sehr wild, naturverbunden und lebhaft. Als ihre Mutter und ihre Schwestern ihr den Besuch eines Gymnasiums ermöglichen, nimmt sie dies als selbstverständlich hin. Später ist sie ihnen dankbar für alles. Nach der Geburt ihres Sohnes ist sie zunächst glücklich, wird jedoch bald von ihrer Vergangenheit eingeholt und leidet an Albträumen. Als Sam 16 Jahre alt ist, geht es ihr immer noch nicht gut, weshalb die Familie nach Sylt umzieht. Aber auch dort tritt keine Besserung ein. Nach einem Besuch bei Ennas Mutter beschließt Fe, nach Ruanda zu gehen.

In Ruanda ist sie lebendiger und stärker als in Deutschland. Sie ist auf der Suche nach sich selbst. Ihr neues Leben in ärmlichen Verhältnissen versteht sie als eine Art Buße. Noch immer fühlt sie sich schuldig, weil sie ihre Familie im Stich gelassen und sich durch ihre Flucht für etwas Besseres gehalten hat. Der Genozid und die Geschehnisse in Ruanda sind für Fe lange Zeit etwas, das nichts mit ihr zu tun hat. Dass sie in den Augen anderer jemand ist oder war, der es nicht verdient hat zu leben, wird ihr erst später klar. Als Sam bei ihr in Afrika ist, kann sie sich ein bisschen öffnen und ihm ihre Geschichte erzählen. Sie geht jedoch nicht mit Sam und ihrem Mann zurück nach Deutschland, sondern bleibt in Afrika.

Steckbrief Enna
Name: *Enna*
Alter: 16 Jahre
Aussehen: Sie trägt auffällige, abgetragen aussehende Kleidung (z. B. einen ultrakurzen Minirock mit Häkelweste) und wirkt wie eine Punkerin. Sie ist braun gebrannt und hat helle Augen. Sie hat einen langen blonden Zopf und ihr Haar kräuselt sich in den Spitzen.

Familiensituation, Eltern: Sie ist Einzelkind und lebt bei ihrer Mutter, zu der sie ein gutes und offenes Verhältnis hat. Ihren Vater kennt sie nicht. Er hat die Familie schon vor Ennas Geburt verlassen.

Wohnort(e): Sie wohnt in einem kleinen Dorf auf Sylt, ist vorher aber schon oft mit ihrer Mutter umgezogen. Sie wohnt mit ihr auf einer Art Bauernhof und führt ein eher einfaches, vielleicht sogar ein bisschen chaotisches Leben.

Freunde/Bezugspersonen: Sie legt offenbar wenig Wert darauf, mit jemandem aus der Klasse befreundet zu sein, und kann mit ihrem Alleinsein gut umgehen. Innige Freundschaft und Liebe verbinden Enna und Sam miteinander, was sie aber vor den Mitschülerinnen und Mitschülern geheim halten.

Situation in der Schule: Sie wird ausgegrenzt und offen angefeindet, weil sich Gerüchte über ihre Mutter, die Heilerin ist, herumgesprochen haben. Sie ist dieses Verhalten der anderen gewohnt und kann damit umgehen.

Hobbys: Sie liebt die Natur, kümmert sich um die Tiere und kennt sich mit den Themen aus, die auch ihre Mutter beschäftigen.

Eigenschaften, Gefühlswelt und Vorlieben: Sie wirkt ausgeglichen, zurückhaltend und in sich ruhend. Sam gegenüber stellt sie immer die richtigen Fragen, die es ihm ermöglichen, sich ihr gegenüber zu öffnen. In ihrem Umfeld und dem etwas chaotischen Haushalt ist sie glücklich und wünscht sich gar kein anderes Leben. Da sie selbst immer schon Außenseiterin war, hat sie Verständnis für Sams Situation.

12 *individuelle Lösung*

C   Nach dem Lesen der einzelnen Kapitel: Inhalte wiederholen

Teil I: Die Insel

13 *Kapitel 1: S. 7–23*

    a) Mögliche Überschrift: Der Umzug nach Sylt, Hoffnung auf Besserung
        Handlungsort(e): Peters Ferienhaus auf Sylt (= Wohnort für das nächste Jahr)
        Personen: Sam, Luk (Vater), Felicitas (Mutter), Peter (Freund von Luk)

    b) Mögliche Überschrift: Das Mädchen Nkulikiyinka und seine Lieblingskuh Kanama
        Handlungsort(e): kleines Dorf in Ruanda
        Personen: Nkulikiyinka, ihr Vater, ihre Schwestern und ihre Mutter

14 a) ☒ Auch wenn einem die Nacht lang vorkommt, weiß man, dass irgendwann wieder Tag wird. Man hat also immer die Gewissheit, dass nach schlechten auch wieder gute Zeiten kommen.

    b) ☒ „[...] hört niemand meine Stimme mehr." (S. 7)

        ☒ „[...] löste sich meine Stimme nicht. Sie war irgendwo im Dunkeln eingesperrt." (S. 7)

    c) ☒ „Tränenreste" (S. 7)

    d) ☒ „Probejahr" (S. 8)

        ☒ „Probeumzug" (S. 9)

    e) ☒ Der Vater gibt in der Hoffnung, dass es seiner Frau auf Sylt besser geht, sein Leben und seine Arztpraxis in Hamburg auf.

        ☒ Sam hat eigentlich keine Wahl. Er muss seine gewohnte Umgebung, seine Freunde und seinen Schwimmverein verlassen.

15

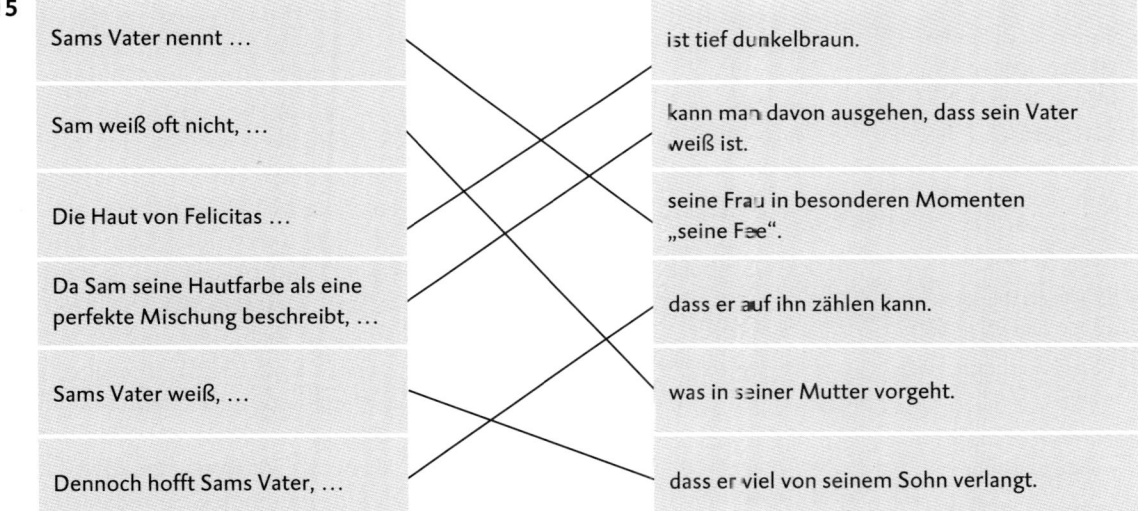

Sams Vater nennt …	ist tief dunkelbraun.
Sam weiß oft nicht, …	kann man davon ausgehen, dass sein Vater weiß ist.
Die Haut von Felicitas …	seine Frau in besonderen Momenten „seine Fee".
Da Sam seine Hautfarbe als eine perfekte Mischung beschreibt, …	dass er auf ihn zählen kann.
Sams Vater weiß, …	was in seiner Mutter vorgeht.
Dennoch hofft Sams Vater, …	dass er viel von seinem Sohn verlangt.

16 Die Ich-Erzählerin der eingeschobenen Handlung kam in einem kleinen Dorf in Ruanda zur Welt und bekam von ihrem Vater den Namen **Nkulikiyinka**, obwohl ihre Mutter dagegen war, denn der Name bedeutet „die der Kuh hinterherläuft". Ihre älteste Schwester hieß **Umehire**, was „Glück" bedeutet, ihre zweitälteste Schwester hieß **Ingabire**, „Geschenk".

17 a) *So könnte deine Begründung lauten:*
     Er war der Meinung, dass Nkulikiyinka ein wenig wie ein Junge aussah. Er hatte sich eigentlich nach zwei Töchtern einen Sohn gewünscht (vgl. S. 10/11). Vielleicht wollte er daher mit dem Namen seine Enttäuschung darüber zum Ausdruck bringen, dass seine Tochter vielleicht wie ein Junge aussieht, aber keiner ist. Gegen seine Frau setzte er sich viel-

leicht durch, weil er ihr insgeheim zum Vorwurf gemacht hat, dass sie ihm keinen Sohn geboren hat.

b) Nkulikiyinka war ein wildes, sehr lebhaftes Kind, das wie ein junges Kalb herumsprang. Deshalb passte der Kosename zu ihr, zumal ja ihr eigentlicher Name auch etwas mit einer Kuh zu tun hat. Ihr Vater liebte sie sehr, sodass er ihr sicher einen liebevollen Namen geben wollte.

c) Alle Kühe hatten Monatsnamen und Kanama, was „August" bedeutet, hatte den Namen ihres Geburtsmonats.

18

Informationen über Sams Mutter Felicitas	Gründe für den Umzug
• Sie ist Sam oft ein Rätsel. • Sie kann nicht schwimmen. • Sie hat dichtes, schwarzes, krauses Haar, das kurz geschoren ist. • Sie schreit nachts entsetzlich, weil sie Albträume hat. • Sam findet, dass sie sich ein bisschen mehr Mühe geben könnte, da der Umzug ja ihretwegen stattgefunden hat. • Sie ist verschlossen, unnahbar und distanziert. • Sie ist unwahrscheinlich schön. • Ihr Mann liebt und bewundert sie sehr. • Sie würde Sam keine Moralpredigten halten.	• Es gab einen Vorfall in einem Kaufhaus: Sie war stundenlang im Kaufhaus herumgeirrt und hatte sich ständig irgendwo verkrochen. Als der Kaufhausdetektiv sie aufhalten wollte, ist sie ausgerastet. Sie wurde danach von der Polizei nach Hause gebracht. • Der Vater glaubt, dass das Leben in der Großstadt gerade zu viel für sie ist. • Felicitas zieht sich neuerdings schon tagsüber ins Bett zurück, es geht ihr offenbar nicht gut.

19 a) „Nach den Sommerferien wären sie zusammen in die Elfte gekommen. *Zusammen* gilt jetzt nur für Jan und Olli, während Sam morgen alles im Alleingang machen muss." (S. 21/22)

b) *So könnten deine Adjektive lauten:*
enttäuscht, traurig, einsam

20 *So könnte deine Erklärung lauten:*
Sam hat den Gorilla Klaus vermutlich mitgenommen, weil mit ihm sehr viele Erinnerungen verknüpft sind („Klaus ist nämlich ein Erinnerungsstück", S. 22). Sam hatte Klaus von seiner Mutter bekommen, als deren Albträume begonnen hatten. Der Gorilla sollte ihm in dieser schwierigen Zeit Halt geben. Diesen braucht Sam nun auch wieder, da der Umzug nach Sylt nicht leicht für ihn ist. Er musste in Hamburg seine besten Freunde Jan und Olli zurücklassen. Aus diesem Grund wollte er wahrscheinlich wenigstens Klaus mitnehmen, der in Sams Kindheit sein „allerbester Kumpel" (S. 22) war.

21 a) und b)
Ach Klaus, mein Kumpel, wenigstens du bist mir noch geblieben – nicht so wie Jan und Olli, die ich in Hamburg zurücklassen musste. Ohne dich wäre ich sicher gar nicht erst hierher mitgekommen. Du bist der beste Kumpel, den es gibt, und mein treuester Begleiter. Auch wenn ich zugeben muss, dass du im Alter ganz schön platt geworden bist. Aber keine Sorge, du wirst auch im neuen Bett einen Platz finden. Und ja, du hast Recht, ein Ausflug in die Waschmaschine würde dir nicht schaden. Seit Mum dich nicht mehr regelmäßig entführt, hat deine Körperhygiene ein bisschen gelitten. Aber seien wir doch mal ehrlich, so ist das eben bei Affen. Man kann nicht gleichzeitig groß und stark und dann auch noch wohlriechend sein. Ich habe dich ja von Mum bekommen, kurz nachdem sie nachts zum ersten Mal geschrien hat. Vielleicht hat sie gedacht, dass ich einen Beschützer brauche, damit ich das aushalte. Vielleicht hat aber auch sie sich einen Beschützer gewünscht. Und dann haben wir sie alle total genervt, du als bester Vertreter des Affenlandes und ich als der, der nun alles auf dich schieben konnte. Oder hast du etwa nicht gesagt, dass man im Affenland seine Zähne nicht putzen muss, weil sie von allein sauber werden? Na also, sag ich doch. Und weißt du auch noch …

(216 Wörter)

22 *Kapitel 2: S. 24–39*

   a) Mögliche Überschrift: Erste Begegnung mit der ausgegrenzten Enna in der Schule
      Handlungsort(e): Schule
      Personen: Sam, seine Eltern (Fe, Luk), Peter, Enna, ihre Mutter (Helen), Mitschüler*innen, Herr Pitzow

   b) Mögliche Überschrift: Mord am Vater, Flucht vor den mordenden Horden
      Handlungsort(e): Haus von Fes Familie, Küchenhaus der Nachbarin, in der Stadt (Kigali)
      Personen: Nkulikiyinka, ihre Mutter und Schwestern (Umehire, Ingabire), Nachbarin (Mukantaganda), englisches Ehepaar, Freundin der Mutter (Nyirahuku), deren jüngster Sohn Munyemana

23 [X] Sam fällt mit seiner bronzefarbenen Haut auf.

     [X] Obwohl Sam Elftklässler ist, kommt er mit drei Erwachsenen zum ersten Schultag.

     [X] Sams Mutter ist eventuell die einzige Schwarze auf Sylt.

     [X] Sams Mutter Felicitas trägt ein enges weißes Leinenkleid und einen eleganten Hut.

     [X] Peter ist im Ort bekannt, Sams Familie kennen die Leute aber noch nicht.

24 a) • „Nun ja …" (S. 25)
       • „Helen hat sich hier ziemlich schnell selbst bekannt gemacht. Deshalb wissen viele Leute, wer sie ist und … was sie tut." (S. 25)
       • „Wie soll ich sagen, Helen …" (S. 25)
       • „Ach was, ich lass es lieber. Macht euch einfach selbst ein Bild!" (S. 25)
       • „Ihre Tochter hat's bestimmt nicht leicht." (S. 25)
       • „Ich fände es nicht gut, wenn Sam voreingenommen wäre." (S. 25)

   b) • Peters Antwort lässt eine Weile auf sich warten. (S. 25)
       • Nachdenklich kratzt er sich am Kinn. (S. 25)

25 a) *So könnten die Gemeinsamkeiten lauten:*
     ① Beide sind neu in der Klasse bzw. Schule.
     ② Beide wurden peinlicherweise von ihren Eltern (bzw. der Mutter) zum ersten Schultag begleitet.
     ③ Beide haben auffällige Mütter.
     ④ Beide fallen durch ihr Äußeres auf (Sams Hautfarbe und Ennas Outfit).
     ⑤ Beide haben Namen, die auf Sylt wahrscheinlich nicht als typisch gelten.
     ⑥ Beide sind auf ihre Weise „Exoten".

   b)

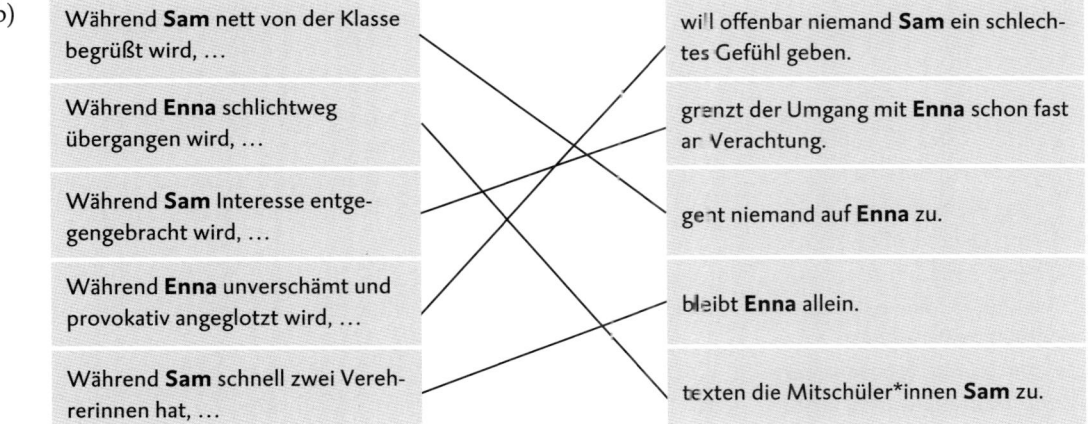

     Während **Sam** nett von der Klasse begrüßt wird, …
     Während **Enna** schlichtweg übergangen wird, …
     Während **Sam** Interesse entgegengebracht wird, …
     Während **Enna** unverschämt und provokativ angeglotzt wird, …
     Während **Sam** schnell zwei Verehrerinnen hat, …

     will offenbar niemand **Sam** ein schlechtes Gefühl geben.
     grenzt der Umgang mit **Enna** schon fast an Verachtung.
     geht niemand auf **Enna** zu.
     bleibt **Enna** allein.
     texten die Mitschüler*innen **Sam** zu.

26 *So könnten eure Überlegungen lauten:*
Geht es Felicitas schlecht, steht sie nicht auf und leistet ihrer Familie beim Frühstück keine Gesellschaft. Sie bleibt dann fast den ganzen Tag im Bett. Schafft sie es aber, morgens aufzustehen, dann heißt das, dass es ihr gut geht. Dann ist sie in der Lage, das Frühstück zuzubereiten. Ihr Mann und Sam sind dann erleichtert und müssen sich den Rest des Tages weniger Sorgen machen, was sich auch auf ihren eigenen Tag und ihre Laune auswirkt.

27 a) *So könnte dein Text weitergehen:*
Es kommt öfter vor, dass bei der Kandidaten-suche für Klassensprecherwahlen besonders unbeliebte oder ungeeignete Schülerinnen oder Schüler vorgeschlagen werden. Meist sollen die Vorgeschlagenen gekränkt werden, indem man z. B. Gelächter oder entsprechende Bemerkungen bei den anderen hervorruft. Eventuell wollen die Personen, dass jemand deutlich sagt, dass dieser Vorschlag nicht ernst gemeint sein kann. Nadine hat vermutlich Ähnliches im Sinn. Sie möchte vielleicht, dass über den abwegigen Vorschlag gelacht wird oder jemand den Vorschlag negativ kommentiert. Denkbar ist auch, dass Nadine darauf hofft, dass Enna keine Stimmen erhält und so deutlich wird, wie unbeliebt sie ist. Sam denkt gleich, dass Nadine ein Biest ist. Lehrer Pitzow merkt man seinen Ärger auch an. Alle anderen reagieren aber so, wie Nadine es sich gewünscht hat, sie wählen sie und nicht Enna. *(103 Wörter)*

b) *So könnte deine Beurteilung lauten:*
Eigentlich hat der Lehrer gut reagiert. Er hat Nadines boshaftes Verhalten durchschaut und auf seine Weise bestraft. Vor der Klasse konnte er Nadine das nicht vorwerfen, ohne Enna damit zu kränken. Das hätte sicher noch mehr gemeine oder verletzende Äußerungen mit sich gebracht.

c) *Gruppenarbeit*

28 a) *So könnte die Szene aussehen:*
Die Klasse ist laut und macht Lärm.
NADINE *(rufend)*: Ich denke, es ist Zeit für eine Wahlanalyse.
In der Klasse wird es augenblicklich stiller.
NADINE: Mich würde nämlich brennend interessieren, wie es kommt, dass Enna so gut abgeschnitten hat!
In der Klasse herrscht absolutes Schweigen. Enna richtet sich ein wenig auf, ihre Wangen leicht gerötet. Sonst zeigt sie nicht die leiseste Reaktion.
NADINE: Was meinst du, Enna, von wem könnte deine Stimme sein?
MITSCHÜLER*IN AUS DER KLASSE: Bestimmt hat ihre Mutter aus der Ferne mitgemischt. Ich meine, telemäßig oder so.

In der Klasse macht sich Gelächter breit. Zuerst unterdrückt, dann ganz unverhohlen. Nadine grinst und schlägt sich an die Stirn.
NADINE: Mensch, ja, das ist es! Ennas Mutter hat bestimmt ein Medium unter uns. Fragt sich bloß, wer kann das sein?
Nadine reißt die Arme hoch und krümmt ihre Finger, als wolle sie nach etwas greifen. Sie schließt ihre Augen und ihre Hände schlagen wilde Wellen in der Luft.
NADINE *(mit beschwörender Stimme)*: Wo steckst du, unbekanntes Wesen? Komm und zeig uns dein Gesicht!
Ennas Hände ballen sich zu Fäusten. Nadine lässt die Arme sinken und stöhnt ein paarmal abgrundtief. Dann öffnet sie die Augen, blinzelt übertrieben, als sei sie eben aus der Trance erwacht.
NADINE: Schade, Enna. Weit und breit keiner da, der sich zu dir bekennen will. Oder... warte! *(Nadines Ton wird plötzlich beißend.)* Wäre ja auch möglich, dass du dich vorsichtshalber selbst gewählt hast, damit der Wahlausgang nicht ganz so peinlich für dich wird.
SAM *(mit gezwungen lockerer Stimme)*: Wenn du's genau wissen willst, ich habe Enna gewählt. Und jetzt lass sie in Ruhe!
In der Klasse wird es mucksmäuschenstill. Nadines Mund klappt verdattert zu. Enna streift Sam mit einem kurzen Seitenblick und sieht dann Nadine direkt ins Gesicht.
ENNA *(verzieht keine Miene, spricht aber laut genug, dass es alle hören)*: Tut mir echt leid für dich, Nadine. Dieser Schuss ging wohl nach hinten los. Scheinbar fängt dein Fanclub langsam zu bröckeln an. Nicht jeder, hinter dem du her bist, ist so leicht zu haben, wie du denkst!
Nadine atmet heftig ein und aus. Ihre Augen blitzen.
NADINE *(zischend)*: Das war ein Fehler, Enna! Du wirst schon sehen, was du davon hast!

Quelle: Wörtliche Rede aus: Hanna Jansen: Herzsteine. Verlagsgruppe Beltz. Gulliver 2018, Weinheim Basel, S. 35/36. (gekürzt, leicht verändert)

b) *Gruppenarbeit*

29 *So könnte eure Szene aussehen:*

ENNA *(ruft)*: Sam!

SAM: Ja?

ENNA: Warum hast du das gesagt?

SAM: Was?

ENNA: Dass du mich gewählt hast, obwohl es überhaupt nicht stimmt.

SAM *(stellt sich unwissend)*: Ich versteh nicht, was du meinst.

ENNA: Klar verstehst du! Jetzt rück schon raus: Warum?

SAM: Nein, ich verstehe wirklich nicht, wovon du redest. Und überhaupt, wie willst du wissen …

ENNA *(sauer)*: Ich weiß es eben. Also?!

SAM: Bist du etwa sauer?

ENNA *(wütend)*: Nein, mich interessieren lediglich deine Gründe. Also sag schon, was du dir dabei gedacht hast!

SAM: Keine Ahnung.

ENNA: Wie – keine Ahnung?

SAM: Keine Ahnung eben. Punkt.

ENNA *(verärgert)*: Ach so ist das. Na schön, dann ist ja alles klar! Bitte lass es einfach nächstes Mal!

SAM *(verwundert)*: Wie bist du denn drauf?

ENNA: Ich will bloß wissen, weshalb du eben so was wie den edlen Ritter für mich abgegeben hast.

SAM: Für dich?

ENNA *(wirklich wütend)*: Okay, vergiss es!

Macht auf dem Absatz kehrt, dreht Sam den Rücken zu.

SAM *(versöhnlich)*: Warte, Enna!

ENNA: Ja?!

SAM: Sagen wir, aus Fairnessgründen. Was da vorhin abgegangen ist, finde ich zum Kotzen.

ENNA: Na gut.

SAM: Enna?

ENNA: Ja?

SAM: Was macht dich eigentlich so sicher, dass ich dich nicht doch gewählt habe?

ENNA: Ich weiß genau, von wem ich meine Stimme habe.

SAM *(ungläubig)*: Du weißt …?

ENNA: Klar weiß ich das.

SAM: Ach so …

ENNA: Natürlich habe ich mich selbst gewählt. Warum auch nicht?

Quelle: Wörtliche Rede aus: Hanna Jansen: Herzsteine. Verlagsgruppe Beltz. Gulliver 2018, Weinheim Basel, S. 37–39. (gekürzt, leicht verändert)

30

Zitate	Erlebnisse und Auswirkungen auf Inyana und ihre Familie
„Komm, Inyana, wir müssen hier so schnell wie möglich weg!" (S. 28)	Die Familie muss um ihr Leben fürchten. Die vier müssen ihr Haus in Panik und Todesangst verlassen.
„Wo ist Papa?" (S. 28)	Ihr Vater wurde ermordet und Inyana wird ihn nie wiedersehen.
„Eine Nachbarin hatte uns in ihrem Küchenhaus versteckt, in einer dunklen Ecke hinter Vorratssäcken und Bananenbergen." (S. 31)	Die vier mussten geräusch- und bewegungslos in einer dunklen Ecke ausharren. Sie waren in ständiger Todesangst. Eine bewegungsfreudige Dreijährige kann diese Situation wohl kaum begreifen.
„Damals wusste ich noch nicht, dass es solche gab, deren Leben ständig in Gefahr war, und die anderen, die sich sicher fühlen konnten." (S. 31/32)	Es ist eine Anspielung auf den Völkermord der Hutu an den Tutsi in Ruanda. Die Familie gehört zu den Tutsi, auf die Jagd gemacht worden ist. 1994 ermordeten radikale Hutu innerhalb von drei Monaten mehr als 800 000 Tutsi und Hutu, die nicht bereit waren, Freunde und Nachbarn zu töten.
„Einzig und allein Kanama hatte ich im Sinn. […] Es war das Ende. Alle Kühe abgeschlachtet […] und in Schutt und Asche unser Haus." (S. 34)	Die Familie hat allen Besitz verloren. Inyana verlor auch ihre geliebte Kuh Kanama, die ebenfalls einen sinnlosen Tod gestorben ist.
„Wir zogen um in die Stadt, wo Verwandte meines Vaters und auch eine Freundin meiner Mutter wohnten." (S. 37)	Inyana fühlt sich als Mädchen, das das Landleben liebt, in der Stadt fremd und eingesperrt. Die Mutter findet in der Stadt aber Arbeit bei einem Ehepaar aus England.

„"Du bist gar kein Mädchen!", sagte er. " (S. 39)	Inyana muss während der Arbeitszeit der Mutter zu deren Freundin und Nachbarin (Nyirahuku), mit der sich Inyana aber nicht gut versteht. Deren Sohn Munyemana will zuerst nicht mit einem Mädchen spielen, freundet sich dann aber doch mit Inyana an.

31 a) und b)

1 *So könnte das Gespräch weitergehen:*

HERR PITZOW: ... Du kannst es dir sicher vorstellen. Diverse Namen wurden genannt, die üblichen halt, natürlich auch Nadine. Im Grunde stand ihr Wahlsieg ohnehin schon fest, sie hat ja genügend Fans, die sie um sich scharen kann. Ich schreibe trotzdem schön brav alle Vorschläge an die Tafel. Und dann schlägt Nadine doch tatsächlich Enna vor, in ganz harmlosem Tonfall, so als ob es sich um einen ernstgemeinten Vorschlag handeln würde.

FRAU PITZOW: Wie boshaft ist das denn? Wollte sie das Mädchen bloßstellen?

HERR PITZOW: Logisch. Sie wollte entweder, dass die Klasse lacht, den Vorschlag als völlig abwegig abtut oder dass Enna eben keine Stimmen bekommt. Quasi damit als amtliches Ergebnis an der Tafel steht, dass sie keiner will. Ich habe innerlich gekocht.

FRAU PITZOW: Aber das hast du Nadine doch sicher nicht durchgehen lassen! Oder?

HERR PITZOW: Du hast gut reden, was hätte ich denn machen sollen? Ich kann ja schlecht in der Klasse eine Diskussion darüber anfangen, was man dem Mädchen mit der Aktion eigentlich antun will. Das hätte alles nur noch schlimmer gemacht. Aber ich habe noch eine Gelegenheit bekommen, Nadine zu zeigen, dass es so nicht geht. Wie erwartet wurde sie zwar mit deutlicher Mehrheit gewählt und Enna bekam nur eine Stimme, aber nach der Wahl habe ich mir Nadine einfach gleich gegriffen und die Vokabeln abgeprüft, bis sie nicht mehr wusste, wo oben und unten ist. Das war wohl für alle Kommentar genug. *(228 Wörter)*

2 *So könnte das Gespräch weitergehen:*

ENNA: Sie hat mich als Kandidatin zur Klassensprecherwahl vorgeschlagen!

HELEN: Und das hat dich nicht gefreut? Du wärst sicher eine wunderbare Klassensprecherin.

ENNA: Haha, sie hat das doch nur gemacht, weil sie wusste, dass mich keiner wählen wird oder alle bei dem Vorschlag lachen oder ich sonst wie blöd dastehen werde.

HELEN: Und so war es dann auch?

ENNA: Im Grunde ja. Sie hat haushoch gewonnen und ich habe eine einzige Stimme bekommen, und zwar meine eigene. Der Pitzow hat die Aktion an sich zwar nicht kommentiert, den Ärger hat man ihm aber angesehen. Und als er dann die neu gekürte Klassensprecherin beim Vokabelabfragen in die Mangel genommen hat, wusste auch jeder, was er vom Wahlverlauf hält.

HELEN: Immerhin.

ENNA: Das war nur leider ein recht kurzer Moment des Triumphs, denn als Pitzow draußen war, verlangte Madame Nadine eine „Wahlanalyse". Es musste ja schließlich geklärt werden, woher diese eine Stimme gekommen ist, wo sie doch gerne eine Null beim Ergebnis gesehen hätte.

HELEN: Nun ja, das hätte sie sich doch denken können, dass du dich selbst gewählt hast.

ENNA: Na offenbar wollte sie gerne nochmal öffentlich hören, dass mich auf gar keinen Fall einer aus der Klasse gewählt hat. Und dann ist etwas fast schon ein bisschen Cooles passiert. Sam, der andere Neue in der Klasse, hat behauptet, er habe mich gewählt. Und das ausgerechnet, wo Nadine doch so auf ihn abfährt.

HELEN: Hey, wow! Nicht übel. Da hatte wohl noch jemand keine Lust auf Nadines böse Spielchen. *(238 Wörter)*

32 *Kapitel 3: S. 40–59*

a) Mögliche Überschrift: Treffen bei den Hünengräbern, Bedeutung des Funds eines Herzsteins, Bei Enna zu Hause
Handlungsort(e): im Watt bei den Hünengräbern, bei Enna zu Hause, bei Sam zu Hause
Personen: Sam, Enna, Sams Vater, Ennas Mutter, Fe

b) Mögliche Überschrift: Zugang zur Bildung, Elizabeth und Inyana
Handlungsort(e): im Haus der Bazungus, der weißen englischen Familie
Personen: Inyana, ihre Mutter, Elizabeth (Frau des Arztes)

33

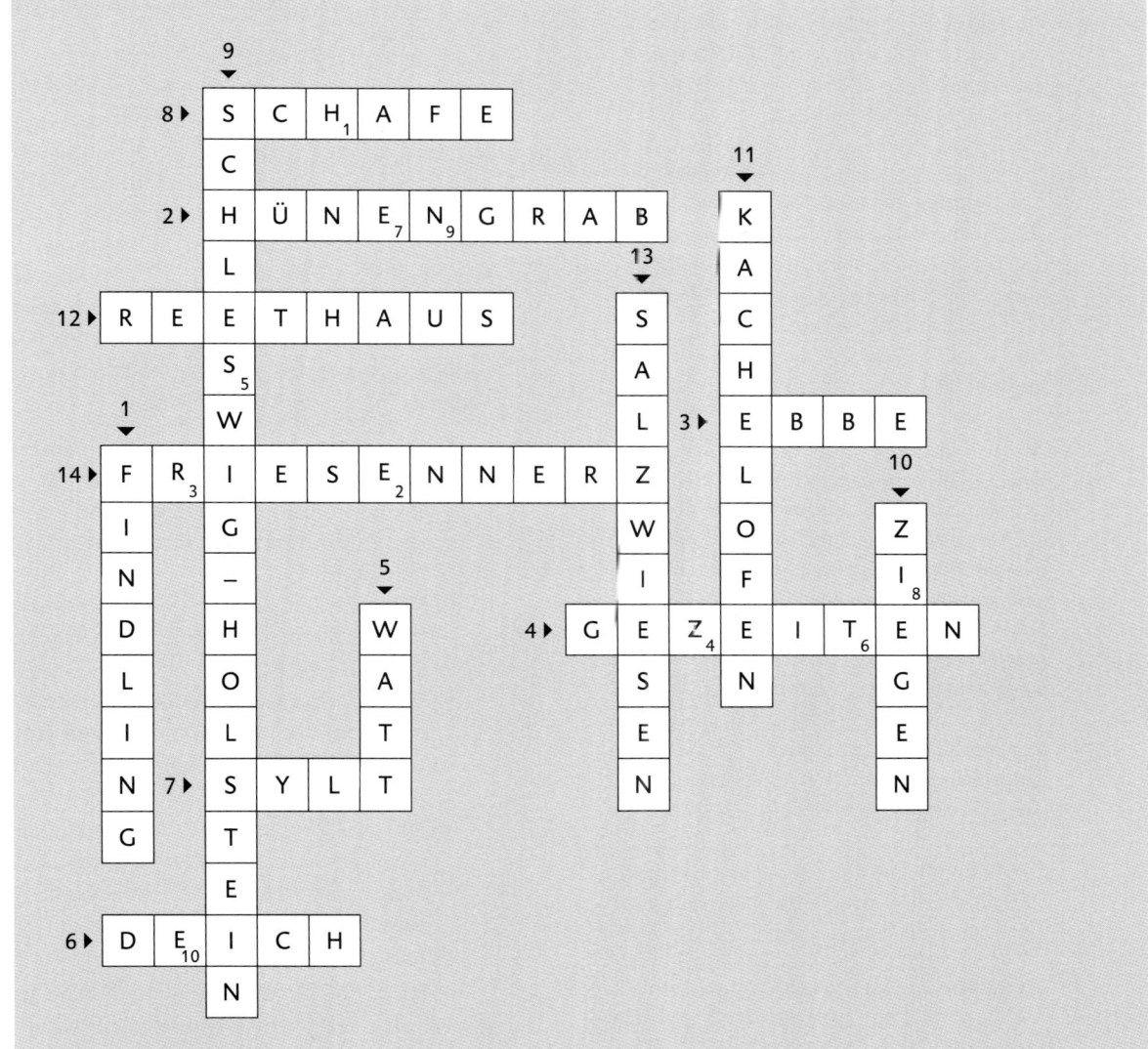

Lösungswort:

H	E	R	Z	S	T	E	I	N	E
1	2	3	4	5	6	7	8	8	10

34 a) Reethaus   b) Deich/Schafe

     c) Hünengrab   d) Kachelofen

     e) Salzwiesen   f) Watt/Ebbe/Gezeiten

     g) Findling   h) Sylt

35

| 3 | Ennas Hund Jona kommt auf Sam zu und trägt dazu bei, dass Sam einen herzförmigen Stein findet. |

| 6 | Obwohl Sam sich selbst zunächst skeptisch über die Heilmethoden von Ennas Mutter äußert, verteidigt er diese, als er sich mit seinem Vater darüber unterhält. |

| 8 | Die Stimmung zu Hause wird für Sam immer unerträglicher. Sein Vater ist offensichtlich sowohl privat als auch beruflich unglücklich und seine Mutter zieht sich zurück. Von den Problemen seiner Eltern bzw. seiner Mutter fühlt sich Sam ausgeschlossen. |

| 2 | Im Watt trifft Sam zufällig auf Enna. |

| 5 | Enna erzählt Sam, dass ihre Mutter Heilerin ist und sie durch Handauflegen und mit der Kraft der Steine Menschen heilt. Von ihr weiß Enna, dass der herzförmige Stein, den Sam am Strand gefunden hat, ein sogenannter Herzstein ist. Ennas Mutter sagt auch, dass zu jedem Menschen ein bestimmter Stein gehöre. Wenn man einen findet, fange etwas Neues an. |

| 10 | Sam erzählt, dass er früher oft nach der Vergangenheit seiner Mutter gefragt hat, es ihm dann aber vom Vater verboten wurde. |

| 1 | Sam fährt mit dem Fahrrad zu den Hünengräbern ins Watt. Er möchte aber eigentlich auch gerne sehen, wo Enna wohnt. |

| 11 | Sam lernt Ennas Mutter Helen kennen. |

| 4 | Enna und Sam kommen ins Gespräch und Enna lädt ihn spontan zu sich nach Hause ein. Dort ist zwar alles sehr ungewohnt für ihn, aber er fühlt sich sofort wohl. |

| 7 | Sam provoziert seinen Vater, indem er andeutet, dass Ärztinnen und Ärzte doch nicht allen Menschen helfen können, so wie Luk seiner Frau. Sams Vater ist sehr getroffen und Sam weiß, dass er zu weit gegangen ist. |

| 9 | Sam fährt ein weiteres Mal zu Enna, sie küssen sich und Sam vertraut sich ihr an. Er erzählt, dass mit seiner Mutter, die aus Ruanda stammt, etwas nicht stimmt und er sich Sorgen macht. |

36 Sam erinnert sich am Strand an ein Spiel, bei dem nacheinander fünf Steine in die Luft geworfen und wieder gefangen werden müssen. Er weiß noch, wie seine Mutter es mit ihm und seinem Vater gespielt hat. Sie selbst hat es perfekt beherrscht. Man erfährt an dieser Stelle, dass Nkulikiyinka genau dieses Spiel von Munyemana, einem Nachbarsjungen bzw. einem sehr guten Freund, gelernt hat. Dadurch wird klar, dass es sich um dieselbe Person handeln muss und Nkulikiyinka Sams Mutter Fe ist.

37 a) *Folgende Fragen und Antworten können dir bei der Bearbeitung der Aufgabe helfen:*

- Woher kennt Fe das Spiel? Sie kennt es von ihrem Nachbarn und Freund Munyemana (vgl. S. 59).
- Mit wem hat sie es gespielt? Sie spielte es mit Munyemana und anderen Nachbarskindern (vgl. S. 59).
- Was mochte sie daran besonders? Sie war von den Steinen fasziniert und konnte beim Spielen alles andere vergessen (vgl. S. 59).
- Welches Ereignis löst die Erinnerung daran in ihr aus? Sie hat am Strand ähnliche Steine gefunden, wie sie sie auch als Kind zum Spielen besessen hatte (vgl. S. 42).

So könnten die Gedanken lauten:

- Fünf Steine, die man nacheinander in die Luft werfen muss, um sie dann wieder zu fangen, jedes Mal einen mehr. Wir spielten es mit den Nachbarskindern um die Wette. Wer gewann, durfte sich etwas wünschen. Was würde ich mir heute wünschen? Ich weiß es nicht. Ich müsste eigentlich glücklich sein.

- Schon damals haben mich die Steine fasziniert. Und jetzt wieder, wie perfekt sie sind. Und es gibt sie überall. In der Heimat und in der Fremde. Wenn ich ihren Flug verfolge, um genau im richtigen Moment zuzugreifen, konzentriere ich mich so, dass ich alles andere vergesse. Und vergessen will ich ja.
- Mir ist es vergönnt, hier am Meer zu sein, zu spielen und meinem Mann und meinem Sohn nun das alte Spiel beizubringen. Munyemana kann es keinem Sohn beibringen … Konzentriere dich auf die Steine, Fe!   *(136 Wörter)*

b) *So könnte Fes innerer Monolog lauten:*
Wie konnte ich es nur vergessen? Das Spiel mit den fünf Steinen. Stunden, Tage habe ich mit diesem Spiel zugebracht. Der gute Munyemana hat es mir beigebracht. Dieser liebe Freund, der mir das Kompliment machte: „Du bist gar kein Mädchen!" Was hätte ich nur ohne ihn gemacht? Schon damals haben mich die Steine fasziniert. Und jetzt wieder, wie perfekt sie sind. Und es gibt sie überall. In der Heimat und in der Fremde. Wenn ich ihren Flug verfolge, um genau im richtigen Moment zuzugreifen, konzentriere ich mich so, dass ich alles andere vergesse. Und vergessen will ich ja … Fünf Steine, die man nacheinander in die Luft werfen muss, um sie dann wieder zu fangen, jedes Mal einen mehr. Wir spielten es mit den Nachbarskindern um die Wette. Wer gewann, durfte sich etwas wünschen. Was würde ich mir heute wünschen? Ich weiß es nicht. Ich müsste eigentlich glücklich sein. Mir ist es vergönnt, hier am Meer zu sein, zu spielen und meinem Mann und meinem Sohn nun das alte Spiel beizubringen. Munyemana kann es keinem Sohn beibringen … Er ist tot, so wie auch der Rest meiner Familie. Konzentriere dich auf die Steine, Fe! Denk nur an die Steine und vergiss die schreckliche Vergangenheit … wenigstens für einen Moment!   *(206 Wörter)*

38 *Kapitel 4: S. 60–74*

a) Mögliche Überschrift: Heimliche Beobachtung in Helens Haus, Luks Vorschlag
Handlungsort(e): in den Dünen, bei Sam zu Hause, vor Helens Haus
Personen: Sam, Enna, Sams Eltern (Fe, Luk), Helen

b) Mögliche Überschrift: „Eine solche", Die Belästigung, Die Erkenntnis, Scham
Handlungsort(e): Gymnasium, Schulweg, bei Fe zu Hause
Personen: Fe, drei Jungen, Fes Mutter, Munyemana

39 Enna wird von ihren Mitschülerinnen und Mitschülern ausgegrenzt und auch angefeindet. Das lässt sich auf die Arbeit ihrer Mutter als Heilerin und die ungewöhnliche Lebensweise der beiden zurückführen. Enna befürchtet nun, dass auch Sam anders behandelt werden würde, wenn die anderen wüssten, dass er und Enna ein Paar sind. Sie ist sich vielleicht nicht sicher, ob ihre Liebe Bestand hätte, wenn Sam solch große Nachteile erleiden müsste. Sie will sicher auch nicht, dass er ihretwegen ebenfalls ausgegrenzt und angefeindet wird.

40 ☒ Ennas Vater bzw. Erzeuger hat die schwangere Helen schon vor Ennas Geburt verlassen.

☒ Enna kennt ihren Vater nicht persönlich.

☒ Helen sagt über Ennas Vater, dass er ein netter Typ gewesen sei.

☒ Helen beschreibt Ennas Vater als schrägen Vogel, der nicht fürs Zusammenleben mit einer Familie geeignet ist.

41 a) *Folgende Gründe könntest du genannt haben:*
① Helen hat Enna schon als kleines Kind ziemlich ernst genommen.
② Helen lässt Enna jede Menge Freiheiten.
③ Helen mischt sich nie in Ennas Angelegenheiten ein.

b) *So könntest du die Sätze ergänzt haben:*
Enna mag nicht, dass die beiden nie besonders lange an einem Ort bleiben.
Diese Veränderung verbessert ihre Situation nämlich nicht, weil ohnehin an jedem Ort wieder die gleichen Probleme auftreten.

42 a) *Internetrecherche*

b) *In eurer Diskussion könntet ihr folgende Punkte besprechen:*
Viele Aspekte unseres Lebens sind dem Zufall unterworfen. Manche Menschen gehen auch davon aus, dass das Schicksal ist oder Gott einen bestimmten Plan verfolgt. In jedem Fall ist es so, dass wir selbst auf bestimmte Dinge keinen Einfluss haben, z. B. darauf, in welchem Land man geboren wird oder wie man aussieht, ob man groß oder klein ist, ob man intelligent oder weniger begabt ist, ob man in einem Wohlstandsland oder in Armut lebt, ob man gefördert wird oder nicht, ob man liebevolle Eltern hat oder nicht genug Fürsorge erfährt. Man kann auch nicht beeinflussen, welche religiösen oder anderen Werte einem anerzogen werden.

c) *So könnte eure Erörterung beginnen:*
Hier gibt es sicher unterschiedliche Ansichten. In einer zivilisierten Welt hat man aber die Wahl zwischen Gut und Böse und kann seine Entscheidungen auf der Basis von Gesetzen und Menschlichkeit treffen. Das heißt, dass man in gewisser Weise seine Handlungen im Miteinander selbst bestimmen kann. Unabhängig davon, ob ich in ungünstigen oder privilegierten Verhältnissen lebe, kann ich mich entscheiden, ob ich ein mitfühlendes, hilfsbereites, positives Leben führe oder eben nicht …

43 a) Luk weiß vermutlich, dass Sam sich in Enna verliebt hat, sich regelmäßig mit ihr trifft und mit ihr eine Beziehung führt. Das lässt ihn annehmen, dass Sam sich auf Sylt eingelebt hat. Er ist sich wohl sicher, dass Sam auch nicht so schnell wieder weggehen will.

b) *Sam:*
- „Ein Probejahr bleibt ein Probejahr! […] Das haben wir so abgemacht!" (S. 67)
- „[…] flache Hand saust auf den Tisch, so heftig, dass es knallt und wehtut" (S. 67)
- „Übrigens lebt man hier gefährlich!" (S. 67)

Fe:
- „Zunächst kommt keine Reaktion, nur dieses ausdruckslose Abwarten" (S. 67)
- „Hmm, ja, das sei okay" (S. 67)
- „[Das] Okay klingt nach nichts, höchstens nach ‚Macht doch, was ihr wollt.'" (S. 67)

44 a) *Gruppenarbeit*

b) *So könnten eure Vermutungen lauten:*
Vermutlich denken die Leute aus dem Dorf, dass bei so einer Sitzung merkwürdige Rituale durchgeführt werden, die z. B. an einen Hexentanz erinnern. Vielleicht gehen sie auch davon aus, dass Drogen genommen werden, damit die Heilerin oder die Patientinnen und Patienten in einen Rauschzustand versetzt werden. Wahrscheinlich lassen sich die Menschen zu sehr von ihrer Fantasie und dem, was sie aus Filmen kennen, beeinflussen. Die wenigsten von ihnen dürften selbst die Erfahrung gemacht haben, wie eine Sitzung bei einer Heilerin tatsächlich abläuft.

45

Name, …		Bedeutung
… den ihr ihr Vater bei der Geburt gab.	Nkulikiyinka	„die der Kuh hinterherläuft"
… den ihr ihr Vater als Kosenamen gab.	Inyana	„Kälbchen"
… auf den sie getauft wurde.	Felicitas	„Glück"
… den ihr ihr Mann als Kosenamen gab.	Fe, meine Fee	*zärtliche Abkürzung*
… mit dem sie sich bis heute am stärksten identifizieren kann.	Inyana	„Kälbchen"

Bezeichnung, ...		Bedeutung
... die als Zusatz zum Namen im Pass eingetragen wurde.	Tutsi (Zugehörigkeit zur verfolgten Volksgruppe)	*Fe sieht diese Kennzeichnung als Todesurteil.*
... die Fe sich selbst zuschreibt, als ihr klar wird, dass sie auch zu den Menschen gehört, die getötet werden sollen.	„eine solche"	Sie fühlt sich „[a]ls eine, die um alles kämpfen muss, weil sie es nicht verdient, auf der Welt zu sein." (S. 65) oder: „Wie soll ich dir beschreiben, was es mit dir macht, wenn du in den Augen der anderen nur Ungeziefer bist?" (S. 66)

b) *So könnte z.B. die Lösung für den Namen „Anja" lauten:*
Der weibliche Vorname „Anja" bedeutet übersetzt „die Begnadete", „die Anmutige" und „die Liebreizende". Anja gilt als russische Kurz- und Koseform der Namen Anna und Anne und hat eine hebräische Herkunft. Meine Eltern haben den Namen einfach deshalb gewählt, weil er gerade in Mode war.

c) *So könnte die Lösung lauten:*
Wegen meines Nachnamens (Engel) wurde und werde ich von Freunden oft Angel oder Angie genannt. Als kleines Kind hatte ich keinen Spitznamen, der mir bekannt ist.

d) *Partnerarbeit*

46 a) ① Sie hat Glück, dass sie von den weißen englischen Arbeitgebern ihrer Mutter gefördert wird.
② Sie hat Glück, dass ihre Schwestern und ihre Mutter so schwer arbeiten, dass sie ein Gymnasium besuchen kann.

b) *Recherchearbeit*

c) Fe gehört zur Volksgruppe der Tutsi. Die Hutu-Regierung gab den Tutsi die Schuld am Tod ihres Präsidenten und rief dazu auf, alle Tutsi auszulöschen. Durch die Kennzeichnung im Pass war Fe als Tutsi erkennbar und zur Tötung freigegeben. Im Jahr 1994 brach in Ruanda ein Bürgerkrieg aus. Die Bevölkerungsmehrheit der Hutu versuchte, alle Angehörigen der Volksgruppe der Tutsi zu töten, deshalb wird dieser Krieg auch als Völkermord bezeichnet. Drei Monate dauerten die Kämpfe und es wurden mehr als eine Million Menschen getötet, die meisten waren Tutsi.

47 a) *So könnte deine Rekonstruktion lauten:*
Als die Umsetzung des **Tötungsplans** der Regierung begann, genügte ein Blick in Fes Pass, um ihr **Todesurteil** zu fällen, da dort ihr vierter Name eingetragen war. Nach und nach fühlte sie sich immer mehr wie **Ungeziefer** in den Augen der anderen. Wie **gnadenlos das Hassgetriebe** funktionierte, zeigte sich eines Tages auf dem Weg zum Gymnasium. Da sie einige Kilometer zu Fuß zur Schule gehen musste, kürzte sie den Weg ab und kam dabei an Häusern vorbei, in denen „die anderen" wohnten. Eines Morgens wurde sie dort von drei Jungen abgefangen. Einer packte sie von hinten im **Würgegriff** und die Jungen begannen, sie überall anzufassen. Daher trat sie **blind vor Hass und Wut** und **Angst** um sich. Als sie den Jungen, der vor ihr stand, traf, sackte dieser vor **Schmerzen** zu Boden. In dem Moment lockerte sich auch der Griff um ihren Hals, sodass sie sich befreien und davonrennen konnte. Aber die **fremden Hände** hatten **Spuren** hinterlassen und sie **ekelte sich** vor sich selbst und **schämte sich**. Außerdem fühlte sie sich **schuldig**, weil sie es herausgefordert hatte, indem sie den Weg durch „**Feindesland**" abgekürzt hatte. Daher hatte sie sich auch nicht ihrer Familie anvertraut.

b) *Partnerarbeit*

48 a) *individuelle Lösung*

b) *So könnte deine Erklärung lauten:*
Der Ausspruch ihrer Mutter lässt Fe denken, dass sie eine Mitschuld an dem Vorfall hat. Fe erwähnt auch, dass sie sich schuldig fühlte, weil sie es herausgefordert hatte (vgl. S. 72). Das stimmt aber nicht. Nichts und niemand gibt diesen drei Jungen das Recht, Fe aufzulauern, sie zu bedrängen und zu belästigen. Vielleicht befürchtet Fe aber auch, dass ihre Mutter wegen des Vorfalls daran zweifeln könnte, dass es richtig war, Fe auf ein Gymnasium zu schicken.

49 a) und b)
Lieber Freund Munyemana,
warum gehst du mir denn nur aus dem Weg? Was habe ich dir getan? Du fehlst mir so sehr. Ich bin so schrecklich einsam ohne dich. Du bist mir doch immer wie ein Bruder gewesen, nicht nur ein Nachbar, nicht nur ein Freund. Als ich niemanden hatte, weil meine Mutter arbeiten musste, hatte ich dich. Ich weiß noch, wie du anfangs nicht mit einem Mädchen spielen wolltest. Als du aber gemerkt hast, dass ich schneller war als du, wie ein Affe klettern konnte und nie weinte, wenn ich mal bei einem Kampf was abbekam, wurden wir die dicksten Freunde. Dein größtes Kompliment an mich war, dass ich wohl gar kein Mädchen sei. Aber mittlerweile hast du vermutlich gemerkt, dass ich doch ein Mädchen bin. Du hast mir das Spiel mit den fünf Steinen beigebracht, jetzt muss ich es allein spielen. Hast du ein Problem damit, dass ich auf ein Gymnasium gehe? Denkst du, dass ich mich für etwas Besseres halte? Das tue ich ganz und gar nicht. Jeder weiß ja, dass ich „eine solche" bin. Aber du doch auch! Das sollte uns eigentlich verbinden und nicht entzweien. Es sind schlimme Dinge passiert, die ich niemandem erzählen kann, aber dir würde ich gerne davon berichten. Aber vielleicht hast du schon von dem Vorfall gehört und wendest dich deshalb von mir ab? Du sollst nur wissen, dass du mir so fehlst.
Deine Fe/Inyana   *(153 Wörter)*

50 *Kapitel 5: S. 75–90*

a) Mögliche Überschrift: Unwetter und Fes Verschwinden, Unwetter und Fes Entschluss, Fes Vergangenheit und ihr Entschluss
Handlungsort(e): am Strand, bei Sam zu Hause
Personen: Enna, Sam, Luk, Helen, Fe

b) Mögliche Überschrift: Umehires Hochzeit, Fes glückliche Momente mit ihrem Kind, Die Rückkehr der Angst
Handlungsort(e): auf Umehires Hochzeit, Fe in London und Deutschland
Personen: Umehire, Fe, Munyemana, Sam

51 ☒ „Blanker Hans" ist ein bildhafter Ausdruck für die tosende Nordsee während Sturmfluten.

52 a) *Folgende Begriffe oder Textstellen könntest du unterstrichen haben:*
- S. 75: „der Blanke Hans", „Orkan", „starken Wind", „Herbstwind mächtig aufgedreht", „Sturmböen tobten", „pfiffen, heulten", „hat der Wind eine Stimme", „Orkan", „dunkle Wolken über den Himmel gezogen", „schwarzen Wand", „Sturmböen reißt die Wand nun auf", „Wolkenmasse"
- S. 76: „heftigen Windattacken", „der Wind so pfeift", „Die Nordsee tost und schluckt alle anderen Geräusche", „Geschrei der Möwen", „als ob der Wind kein Widersacher wäre"
- S. 77: „drückt der Wind gegen seine Schultern, drängt ihn mit aller Kraft zurück", „Wind […], der an ihren Haaren reißt", „In sprühenden Gischtkronen wirft sich die See an Land", „draußen türmen sich Monsterwellen auf, rollen donnernd auf die Küste zu", „Mit aller Macht greift die See die Dünen an", „Kein Horizont zu sehen", „gischtdurchtränkte Luft"

b) *Gruppenarbeit*

53 a) *So könntest du die indirekte in wörtliche Rede umformuliert haben:*

LUK: *... Während das Massaker geschah, hat man hier kaum etwas davon mitgekriegt, viel zu spät erst ist das ganze Ausmaß klar geworden. Ich rede von fast einer Million Toten in nur hundert Tagen. Von Männern, Frauen, Kindern, die in ihren Häusern, auf der Straße, selbst in Kirchen abgeschlachtet wurden. Auf Befehl der Regierung hatten viele Ruander – Milizen, Soldaten und Menschen wie du und ich – die Massaker gnadenlos ausgeführt, weil eine ganze Bevölkerungsgruppe ausgerottet werden sollte. Es hat keinen Ort im Land gegeben, wohin die Menschen fliehen konnten. Nachbarn brachten ihre Nachbarn um, Freunde ihre Freunde und manchmal sogar Verwandte ihre Angehörigen! Fe konnte, kurz nachdem es angefangen hatte ...*

Quelle: Nach: Hanna Jansen: Herzsteine. Verlagsgruppe Beltz. Gulliver 2018, Weinheim Basel, S. 83 / 84. (leicht verändert)

b) *Partnerarbeit*

54 a) und b)

4	Durch das Gespräch ist Fe offenbar bewusst geworden, ...		um sie dadurch besser verstehen zu können.
1	Durch die Begegnung mit Helen konnte Fe ihr Schweigen durchbrechen und sich eingestehen, ...		doch ist er davon ausgegangen, dass sie ihn dabei an ihrer Seite haben möchte, was nun jedoch nicht der Fall ist.
3	Es ist anzunehmen, dass Helen als Heilerin eine talentierte Zuhörerin ist, und es ihr gelungen ist ...		dass es für sie keinen anderen Weg gibt, als in ihr Heimatland zurückzukehren und sich dort mit der Vergangenheit auseinanderzusetzen.
2	Helen rät Sam, mit seiner Mutter zu sprechen, ...		Fe über ihre Vergangenheit, ihre Flucht und ihre Schuldgefühle zum Reden zu bringen.
5	Sams Vater hat zwar erwartet, dass Fe eines Tages in ihr Heimatland reisen will, ...		dass sie durch ihre Angst und ihre unterdrückten Schuldgefühle krank geworden ist und jetzt an sich denken und sich ihrer Verantwortung stellen muss.

55 a) und b) *So könnte der Tagebucheintrag lauten:*

Liebes Tagebuch,

es hat mich tief getroffen, dass ich heute mit eigenen Augen Munyemana zusammen mit seiner Freundin sehen musste. Jetzt wird mir auch klar, warum er mir keine Beachtung mehr geschenkt hat. Meine Sehnsucht und meine Hoffnungen sind ins Leere gelaufen. Unsere Freundschaft und Verbundenheit, unsere Liebe war ihm nichts wert. Wie konnte ich nur denken, dass wir beide eine Zukunft haben könnten?

Er ist es nicht wert, dass ich traurig bin. Er hat eine gebildete und schöne Frau wie mich nicht verdient! Wie kam ich nur darauf, dass eine Hochzeit mein nächstes Ziel sein könnte? Jetzt gilt es, ganz andere Ziele anzustreben. Nicht umsonst haben mich meine Mütter auf ein teures Gymnasium geschickt. Ich muss mein Englisch perfektionieren. Das wird hier im Land wohl nicht möglich sein. Aber ich könnte versuchen, ins Ausland zu gehen? England vielleicht?

Ja, den Blick nach vorne richten. So gefällst du mir wieder! Sei stark! (152 Wörter)

Transition (S. 91–100)

56 a) Mögliche Überschrift: Sams Reise ins Land seiner Mutter, Abschied von Enna, Von Brüssel nach Kigali
Handlungsort(e): Hotel in Brüssel, im Flugzeug, bei Enna
Personen: Sam, Luk, Enna

 b) Mögliche Überschrift: Fes Flucht, Von Kigali nach Brüssel
Handlungsort(e): Kigali, Butare, im Flugzeug
Personen: Fe

57 a) Sie „treffen" sich quasi in Brüssel.

 b)

Vergleichsaspekt	Die junge Frau Felicitas	Sam und sein Vater Luk
Alter der Reisenden zum Zeitpunkt der Reise	*ca. 20 Jahre alt*	*16 und 57 Jahre alt*
Reisejahr	1994	17 Jahre nach Fes Reise, also 2011
Startpunkt und Zielort der Reise	(erst von Kigali nach Bujumbura, dann) von Bujumbura nach Brüssel	(erst von Sylt nach Brüssel, dann) von Brüssel nach Kigali
Grund für die Reise	Todesangst, Panik, Flucht vor der Tötungsabsicht der Hutu, Angst vor dem geplanten Völkermord an den Tutsi	*Wiedersehen mit der Mutter bzw. Ehefrau, Besuch des Heimatlands der Mutter bzw. Ehefrau*
Gefühlslage während der Reise	Schuldgefühle, Panik, Überlebenswille, Todesangst, Trauma	Neugierde, Vorfreude auf das lang ersehnte Wiedersehen, Angst vor der neuen Situation, Furcht vor Entfremdung
Erwartungen/Hoffnungen an das Reiseziel	*Keine Lebensgefahr mehr, Überleben sichern, Sicherheit*	Familienzusammenführung, gemeinsame Erlebnisse, wieder Verbundenheit spüren, die Welt der Mutter/Frau kennenlernen
Tatsächliche Situation am Reiseziel	Schlimme Erinnerungen verfolgen sie; Trauma; Schuldgefühl wird nicht weniger; Frage, warum sie überleben durfte und die anderen nicht; dauerhafter Versuch, alles zu verdrängen	Gewollte Distanz, die von der Mutter/Frau ausgeht; Abgrenzung; Überforderung aller Beteiligten; Erschöpfung; Enttäuschung

58 a) Er ist nicht glücklich darüber, dass Sam im Haus von Helen schläft, weil seine Vorbehalte ihr gegenüber seit dem Tag von Fes Verschwinden noch größer geworden sind. Gegen Enna und deren Beziehung zu Sam hat er vermutlich nichts einzuwenden.

 b) „Wenn's denn sein muss" (S. 99)

59 a) [X] Enna schenkt Sam ein Tagebuch, das er als Reisetagebuch für sie schreiben soll.

 [X] Enna wünscht sich, dass er alles für sie aufschreibt, damit sie bei seiner Rückkehr etwas Besonderes teilen können.

 b) *Du solltest das Buch mit dem Titel „Tagebuch für Enna von Sam" beschriftet und blau angemalt haben.*

60 a) *So könnten deine Stichpunkte lauten:*
 • Weihnachtsgrüße
 • Weihnachten im Hotel, nicht gemeinsam im Haus in Hamburg
 • Sehnsucht (seine und die des Vaters) nach ihr
 • Frage nach ihrer Suche

a) und b) *So könnte der Brief lauten:*
Liebe Mum,
ich bin's, dein Sohn, der dich sehr vermisst und es kaum noch aushalten kann, bis wir uns sehen. Zumindest an Weihnachten möchte ich dir jetzt auch einmal schreiben, die kurzen Telefonate waren irgendwie nicht so persönlich, wie ich es mir gewünscht hätte. Du weißt ja, dass Dad den Tapferen spielt und sich alle Mühe gibt, dass für mich hier alles okay ist. Aber er leidet schrecklich unter deiner Abwesenheit. Ein halbes Jahr ist auch eine ganz schön lange Zeit. Und jetzt auch noch Weihnachten im Hotel, das geht eigentlich gar nicht. Wegen der „Hausbesetzer" können wir ja nicht in unser Haus. Eine komische Vorstellung, dass da jetzt eine andere Familie Weihnachten feiert. Wirst du schöne Weihnachten haben? Ich weiß ja, dass du bei einer

alten Frau wohnst, die mal deine Nachbarin war. Wie werdet ihr Weihnachten verbringen? Ich kann mir das kaum vorstellen, für mich wäre ein Ort ohne Internet ja schon eine Unglaublichkeit, aber sogar ohne Strom? Helen hat in einem Nebensatz angedeutet, dass du auf der Suche nach einer gewissen Inyana bist. Mehr wollte sie mir nicht verraten. Bist du schon fündig geworden? Ich bin wirklich gespannt, was du uns vor Ort alles berichten wirst. Und Mum, Dad und ich wollen wirklich gerne sehen und erfahren, wo deine Wurzeln sind – und meine.
Einen dicken Kuss schickt dir dein Sam
PS: Ach, auch noch beste Grüße von Klaus, der hier mit mir die Stellung hält und mir gesagt hat, dass man im Affenland ruhig mal seiner Mutter frohe Weihnachten wünschen kann. Recht hat er! *(258 Wörter)*

Teil II: Ein anderer Kontinent

61 *Kapitel 1:* S. 103–108
Mögliche Überschrift: Ankunft in Ruanda, Enttäuschung beim Wiedersehen, Distanz
Handlungsort(e): am Flughafen, im Hotel in Kigali
Personen: Sam, Luk, Fe und Musa

62 *individuelle Lösung*

63 a) *individuelle Lösung*
b) ☒ Das Wiedersehen verläuft wenig herzlich, eher kühl und distanziert.
☒ Fe sieht verändert aus.
☒ Die Umarmung fällt weniger fest und innig aus, als Sam gedacht hätte.
☒ Fe stellt gleich klar, dass sie nicht mit Mann und Sohn im Hotel übernachten wird.
☒ Fe sagt, dass sie zum Geldwechseln besser mitgehen sollte. Dabei wäre das eigentlich selbstverständlich gewesen. Sie drückt damit aus, dass sie nicht bei den beiden bleiben wird.
☒ Ein anderer Mann ist als Fahrer mit Fe zum Flughafen gekommen, weil ein Taxi angeblich zu teuer sei.

☒ Fe hat nicht einmal vor, mit Sam und seinem Vater im Hotel zu essen.
☒ Fe bringt es fertig, Mann und Sohn einfach nur vor dem Hotel abzusetzen.
☒ Sam und sein Vater fühlen sich eher wie Gäste und nicht wie Familienmitglieder.

64 *So könnten die Beobachtungen lauten:*
1 Es wundert ihn, dass nachts so viele Menschen auf der Straße sind. Er sieht viele Afrikaner*innen, alte und junge, die es eilig haben oder nur herumlungern.
2 Er bemerkt viele Läden, die nicht wie richtige Geschäfte, sondern eher wie fensterlose, vorne offene Kästen oder Garagen aussehen.
3 Der Verkehr ist ungeheuer dicht. Es sind auch viele Mopeds unterwegs.
4 An fast jeder Ecke stehen Polizisten oder Gruppen von Soldaten, die mit Kalaschnikows bewaffnet sind.

65 *Folgenden Begriff könntest du eingekreist haben:*
Enttäuschung

66 a) und b)
Sam, mein Junge, das war kein guter Start, es tut mir leid. Auch ich war enttäuscht. So hatte ich mir das nun wirklich nicht vorgestellt. Ein halbes

Jahr Sehnsucht und nun das? Was wollte dieser Musa bei ihr? Und dass sie nicht mal mit ins Hotel gekommen ist, nicht einmal dir zuliebe? Aber was hätte ich tun sollen? Ihr eine Szene machen? Wer weiß, was bei ihr in der Zwischenzeit los war. Vielleicht gibt es für alles eine Erklärung. Gib uns allen noch Zeit. *(84 Wörter)*

a) *So könnte die Kurzfassung lauten:*
~~Sam, mein Junge,~~ das war kein guter Start, es tut mir leid. ~~Auch ich war enttäuscht.~~ So hatte ich mir das ~~nun wirklich~~ nicht vorgestellt. Ein halbes Jahr Sehnsucht und nun das? Was wollte dieser Musa bei ihr? Und dass sie nicht ~~mal~~ mit ins Hotel gekommen ist, nicht einmal dir zuliebe? Aber was hätte ich tun sollen? Ihr eine Szene machen? Wer weiß, was bei ihr in der Zwischenzeit los war. Vielleicht gibt es für alles eine Erklärung. Gib uns allen noch Zeit. *(74 Wörter)*

67 *Kapitel 2: S. 109–117*
Mögliche Überschrift: Vorbereitung auf den Besuch bei Fe, Fes neues Zuhause, Zuhause im alten Ruanda
Handlungsort(e): Einkaufszentrum in Kigali, unterwegs in Kigali, bei Mama Munyemana (Stadtteil Kimironko)
Personen: Sam, Luk, Fe, Mama Munyemana, Jean-Claude, Musa

68 a) Sie reiste mit einem ihrer Söhne für einige Zeit nach Kigali. Ihr Sohn ist bzw. ihre Söhne sind vom Genozid (Völkermord) betroffen. Es handelt sich demzufolge um Pflegesöhne, deren Familien beim Völkermord getötet worden sind.

b) Traumabewältigung

c) Sie hat ihre Beobachtungen, Erfahrungen und Empfindungen in ihren Roman eingearbeitet. Genau wie Fe haben auch ihre Pflegesöhne ein Trauma durch den Genozid erlitten und mit nach Deutschland gebracht.

d) Sie hat sich gefragt, was mit den Nachgeborenen, also den Kindern der Traumatisierten ist, wenn die Schrecken und Grauen des Erlebten ein unerzählbares Tabu bleiben.

e) Der Textauszug steht auf S. 115/116.

69 a) Es werden Kinyarwanda, Französisch, Englisch und Suaheli (erst seit 2017) gesprochen.

b) In Ruanda hat fast die gesamte Bevölkerung mit der Bantusprache Kinyarwanda eine gemeinsame Muttersprache, was in Afrika sehr selten ist.

c) Er bereitet sich auf einen Besuch bei der alten Frau vor, in deren Haus Fe wohnt. Er möchte sie auch direkt ansprechen können.

70 a) Sam und sein Vater haben Kigali erkundet. Sie lernen das moderne Kigali kennen – mit verspiegelten **Bankgebäuden**, Geschäfts- und **Bürohochhäusern** und Internetcafés –, in dem sich viele Geschäftsmänner aus Asien und **Europa** aufhalten. Sie sehen aber auch das arme Ruanda: Mütter, die mit ihren **Babys** am Straßenrand sitzen und betteln, Kinder, die ungeachtet des Verkehrs auf der Straße mit **Verpackungsmaterial** als Spielzeug spielen.

b) **Sam und sein Vater/~~Sam und Musa~~** besuchen **das neue Zuhause/~~das neue Haus~~** ihrer Mutter. Sie lebt in einem ~~lehmfarbenen Wellblechhaus~~/**wellblechgedeckten Lehmhaus**, ohne Toilette, Küche, Strom und **fließendes**/~~warmes~~ Wasser. Täglich müssen sie Wasser zum Kochen und Waschen in **Kanistern**/~~Eimern~~ zum Haus schleppen. Sam **hat**/~~hat keine~~ Mühe, sich vorzustellen, dass seine Mutter jetzt so lebt und versteht **gut**/~~nicht~~, warum sie dies tut. Fe lebt bei einer Frau, die sie **Mama**/~~Mama Munyemana~~ nennt und die Sam **„Nyogoku" (Oma)**/~~„Mama Nyogoku"~~ nennen soll. Auch der Enkel der alten Frau wohnt in dem Haus. Er heißt Jean-Claude und ist zwei Jahre **jünger**/~~älter~~ als Sam.

c) Der Name „Mama Munyemana", wie Fe die alte Frau nennt, weist darauf hin, dass sie die Mutter von Fes verstorbenem Kinderfreund Munyemana ist. Das heißt, sie war die frühere Nachbarin von Fes Mutter, bei der sich Fe aufhielt, während ihre Mutter bei der Arbeit war.

d) Sam berichtet Enna, dass er sich in Fes neuem Zuhause fremd gefühlt hat. Besonders seine Mutter erscheint ihm fremd, da sie ganz anders ist, als Sam sie bisher kannte.

71 a)

Situation	Zitat(e)	Bedeutung des Zitats
Im Bus	„[...] und dass sie sogar ab und zu einen Kommentar von sich gibt, den er und Dad natürlich nicht verstehen können." (S. 113)	Hier bemüht sich Fe nicht einmal, ihnen das Gesagte zu übersetzen.
	„Sie beide sind am Rand geblieben, nah der Tür. Diesen Raum lässt man ihnen, Abstand haltend, wie es scheint, und sie werden angestarrt, als gehörten sie nicht hierher." (S. 113)	Fe stellt sich auch nicht zu ihnen. Sie hat offenbar nicht das Bedürfnis, zu zeigen, dass die beiden zu ihr gehören.
Beim Weg zu Fuß	„Mum aber geht so schnell voraus, dass keine Zeit bleibt, anzuhalten und Almosen zu verteilen." (S. 114)	Fe lässt auch hier ihren Mann hinter sich, nimmt ihn nicht an der Hand, geht nicht mit den beiden gemeinsam.
Vor den Hütten in der Nachbarschaft	„So begrüßt man hier die Bleichgesichter" (S. 115)	Fe sagt den Kindern nicht, dass hier ihr Mann und ihr Sohn kommen.
In der Hütte	„Am Ende tauchte dann zu allem Überfluss wieder dieser Musa auf, von Mum gerufen [...]." (S. 117)	Ganz bestimmt hätte Luk wesentlich lieber ein Taxi genommen, als mit Musa zu fahren, dessen Bedeutung für Fe ihm sicher nicht ganz klar ist.
	„Mum hat sich ihm gegenüber verhalten, als ob er bloß irgendein Bekannter wäre, nicht ihr Mann." (S. 117)	Fe hat nicht durch Gesten oder Worte gezeigt, dass Luk ihr Mann ist, er ihr etwas bedeutet und ein Teil ihres Lebens ist.

b) *So könnten Luks Gedanken weitergehen:*
... Als Bleichgesichter wurden wir von den Kindern begrüßt. Das allein war ja nicht schlimm, aber Fe sagte den Kindern nicht, dass hier ihr Mann und ihr Sohn kommen. In der Hütte hat sich Fe mir gegenüber verhalten, als ob ich bloß irgendein Bekannter wäre, nicht ihr Mann. Das war schon sehr bitter. Auch Sam ist das ganz deutlich aufgefallen. Seine Enttäuschung war ebenfalls greifbar. Und am Ende tauchte dann zu allem Überfluss wieder dieser Musa auf, von Fe gerufen ... Da hätte ich mir wesentlich lieber ein Taxi genommen, als mit diesem Typen zu fahren. Welche Bedeutung hat er überhaupt für Fe? *(93 Wörter)*

c) *So könnte der innere Monolog lauten:*
Meine Hoffnung auf eine Annäherung erfüllt sich leider nicht. Eigentlich fühlt es sich eher so an, als ob die Distanz zwischen Fe und mir jeden Tag noch größer und sichtbarer wird. Sie hat uns heute mitgenommen in ihre Welt. Eine Welt, die sie offenbar eigentlich lieber für sich allein behalten will. Als ob sie mit zwei fremden Touristen unterwegs wäre, hat es sich angefühlt, zwei lästige fremde Touristen. Auf keinen Fall sollte ich ein Taxi bestellen ... Als ob es auf das bisschen Geld ankommen würde. Fast wie eine Beleidigung hat es sich wohl für sie angefühlt, dass wir nicht wie alle anderen den Bus nehmen wollten. Im Bus wurde aber auch nochmals ganz deutlich, dass wir hier die Fremden sind. Sie hat uns nicht miteinbezogen, hat uns nichts übersetzt, als sie sich mit der Frau unterhalten hat. Sogar räumlich wurde die Distanz deutlich ... Wir standen am Rand, alle hielten Abstand, obwohl kaum Platz dafür war. Angestarrt, anders, fremd. Mit ein paar wenigen Gesten hätte sie klarmachen können, dass wir zu ihr gehören, dass wir verbunden sind, dass wir ihr etwas bedeuten ... Aber vielleicht ist das ja auch gar nicht so? Auf dem Weg lief sie voraus. So als wollte sie es hinter sich bringen. Alles war so fremd, diese Armut, diese Einfachheit, wie eine Zeitreise und wir als Bleichgesichter mittendrin. Wie zwei Ausstellungsstücke! Und dann durften wir auch noch die einzigen Sitzgelegenheiten benutzen. Wenn ich gekonnt hätte, hätte ich mich am liebsten unsichtbar gemacht und weg-

gebeamt. Mit ein paar wenigen Worten hätte sie uns das erleichtern können. Aber das wollte sie nicht, sie wollte gar nicht, dass wir als ihre neue Familie in Erscheinung treten. Es sollte gar nicht so aussehen, als ob wir zu ihr gehören ... Und dann wieder dieser Musa! Aus ihm werde ich nicht schlau. Was hat er mit Fe zu tun? Wenn ich mich nicht für Sam zusammenreißen würde, wüsste ich nicht, ob ich so ruhig bleiben könnte ...

(325 Wörter)

72 *Kapitel 3: S. 118–127*
Mögliche Überschrift: Besuch im Waisenhaus, Fes Aufgabe im Waisenhaus
Handlungsort(e): Hotel, auf dem Mofataxi, im Waisenhaus, im typisch afrikanischen Restaurant
Personen: Sam, Jean-Claude, Fe, Direktor des Waisenhauses, Pascaline, Waisenkinder

73 a) Die meisten Männer tragen **Anzüge** oder **Uniformen**, deshalb zieht Sam lieber eine **Jeans** statt den auffälligen bunten **Bermudashorts** an. Ihm ist aufgefallen, dass die Säuberungstruppen in der Stadt **kornblumenblaue** Kittel tragen. Die **Kriminellen / Mörder** tragen babyrosa „Schlafanzüge".

b) *Folgende Gründe könntest du genannt haben (nur drei erforderlich):*

1 Jean-Claude ist wortkarg und seine Begrüßung fällt beinahe frostig aus.

2 Jean-Claude kann eigentlich Englisch, spricht aber kaum mit Sam.

3 Jean-Claude wählt als Transportmittel Mofataxis aus, obwohl er sicher weiß, dass sie gefährlich sind und Fe damit nicht einverstanden ist.

4 Nach Fes Rüge verabschiedet er sich nicht von Sam.

74 *So könnte deine Tabelle mit den Informationen aussehen:*

Lage, Zustand, Beschreibung aller sichtbaren Dinge im Waisenhaus	Erwachsene Personen, die im Waisenhaus eine Rolle spielen, und deren Beschreibung	Fes Aufgabe bzw. Rolle im Waisenhaus	Situation der Kinder im Waisenhaus
• Lage: in einem ähnlichen Stadtviertel wie Kimironko, in der Gegend finden sich hauptsächlich Lehmhäuser • Schulgebäude: aus Stein, einfacher und schäbiger Kasten mit zwei Wohnflügeln, davor ein leerer Hof ohne Schatten und ohne Sitzgelegenheiten • Klassenzimmer: mit Tafel und Sitzreihen, stark verschmutzte Wände mit Einschusslöchern und Spuren der Zerstörung, abgerissene Paneele (= Holzvertäfelung) hängen von der Decke, Fenster können nicht geöffnet werden, kaputte Fensterscheiben, Schrank mit herausgebrochener Tür	• Direktor: er hinkt, ist zierlich, hat grau meliertes Haar, spricht Französisch, hat eine große Narbe (von der Stirn bis zur Schädeldecke), ist freundlich, heißt Jean-Baptiste, war früher Priester, will jetzt kein Priester mehr sein, das Waisenhaus ist jetzt sein Leben • Pascaline: junge Frau, vermutlich eine Art Hauswirtschafterin, sorgt für die Kinder, kennt Sams Namen, kocht, wäscht (per Hand in einem Trog), lebt im Waisenhaus	• Fe bringt Lebensmittel mit • wird von den Kindern „Mama Jean-Claude" genannt • unterrichtet die Kinder in Englisch (Anfangsunterricht) • ist munter, positiv, kann gut unterrichten, kommt gut mit den Kindern zurecht • arbeitet ehrenamtlich im Waisenhaus	• Köpfe sind kahl geschoren (als Schutz vor Läusen), sind dürr • ein Mädchen namens Nou Nou trägt ein Schürzenkleid, ist ca. 12, schaut sehr ernst • alle jüngeren Mädchen tragen Schürzenkleider • verhaltensauffälliger Junge sitzt im Schrank, scheint sich zu verstecken, was er wohl öfter macht • spielen mit Steinen, sitzen auf dem Boden • wenig strenge Regeln, man lässt sie gewähren, freiwillige Unterrichtsteilnahme • schlafen eingepfercht in kleinen finsteren Zimmern, Stockbetten stehen eng beieinander, haben keine Spielsachen, basteln sich Spielzeug aus Abfall

- Büro des Direktors: karger Raum mit einem Tisch, zwei Stühlen und einem Bild des Präsidenten

- die meisten sind Aidswaisen, d. h. ihre Eltern sind an Aids gestorben
- manche wurden ausgesetzt, damit sie eine bessere Überlebenschance haben
- Kinder von Beteiligten am Genozid, die im Gefängnis sind

75 *So könnte das Gespräch lauten:*

SAM: *Super, dass ich dich endlich auch einmal für mich allein habe. Schön ist es hier. Das Braten auf der offenen Feuerstelle ist ziemlich eindrucksvoll. Und das Ziegenfleisch am Spieß ist unheimlich lecker.*

FE: *Das freut mich. Sicher ist alles verrückt und neu für dich. Ich kann mir schon denken, dass das alles nicht leicht zu verarbeiten ist.*

SAM: Die Situation im Waisenhaus geht mir schon ziemlich nah. Weshalb genau sind denn diese Kinder überhaupt in einem Waisenhaus? Hat es etwas mit den Ereignissen vor 17 Jahren zu tun?

FE: Nur teilweise. Mehr als die Hälfte der Kinder sind Aidswaisen. Ihre Eltern sind also an Aids gestorben. Ein anderer Teil der Kinder wurde ausgesetzt, damit sie eine Chance haben. Und es gibt Kinder, deren Eltern lange Zeit im Gefängnis sitzen müssen, weil sie sich am Völkermord beteiligt haben und dafür verurteilt wurden.

SAM: Oh, das ist ja ganz schön heftig. Dass es so viele Aidswaisen gibt, habe ich nicht gedacht. Ich gebe auch zu, dass ich ganz schön erschrocken bin über die Zustände dort im Waisenhaus. Dass die Kinder so eingepfercht in kleinen, finsteren Zimmern schlafen müssen zum Beispiel.

FE: Aber unsere Kinder *haben* wenigstens ein Bett. Das gilt längst nicht für alle. Du hast sicher die vielen umherstreunenden Kinder überall gesehen.

SAM: Und sie kamen mir so unglaublich dünn vor, so mager, als ob sie nicht genug zu essen kriegen. Dazu kommt noch, dass sie alle kahl geschoren sind.

FE: Das beste Mittel gegen Läuse ist kein Haar auf dem Kopf. Und es gibt so viel zu essen, wie man braucht, um zu leben.

SAM: Und wir sitzen hier und essen uns an diesem leckeren Ziegenfleisch satt ...

FE: Ja, so ist das im Leben. Ungerecht.

SAM: Habe ich das richtig gesehen, dass die Kinder überhaupt kein Spielzeug dort haben? Weder in den Räumen noch im Hof ist mir etwas aufgefallen, womit Kinder spielen könnten.

FE: Spielzeug ist hier überflüssig. Es gibt Wichtigeres für die Kinder. Das Waisenhaus muss sich von Spendengeldern finanzieren und die reichen gerade mal für Ernährung, Bildung und Gesundheit. Die Kinder spielen trotzdem, denn sie sind sehr kreativ.

SAM: Das habe ich gesehen. Da waren doch die drei Jungs, die aus Stöcken, Korken und aus irgendwelchen Abfallmaterialien tolle Fahrzeuge gebastelt haben. Auch in der Stadt habe ich das schon bemerkt. Etwas anderes ist mir zudem aufgefallen, nämlich dass hier so viele Männer Händchen haltend durch die Gegend ziehen. Wie kommt das?

FE: Du denkst doch nicht etwa, sie sind schwul?

SAM: Ähhh ...

FE: Sich anzufassen ist nichts anderes als ein Zeichen der Verbundenheit. Wenn man sich vertrauen kann – was in Ruanda nicht so einfach ist –, hat man den Wunsch, sich aneinander festzuhalten. Übrigens, Frauen tun das auch, das ist dir nur nicht aufgefallen. Verliebte Paare allerdings eher nicht. Die halten sich zurück, denn es gehört sich nicht, öffentlich zu zeigen, was man füreinander fühlt.

SAM: Hmm, tatsächlich eine andere Welt. Ach, sag mal, Mum, warum nennst du denn eigentlich die alte Frau, bei der du wohnst, „Mama Munyemana"? Sie ist doch gar nicht deine Mutter.

FE: Es ist unter Freunden oder Nachbarn üblich, dass man eine Frau mit Mama und dem Na-

men ihres ältesten Sohnes anspricht. Munyemana ist einmal mein allerbester Freund gewesen. Er ist zwar der jüngste Sohn von Mama
Munyemana, aber ich will so die Erinnerung
an ihn bewahren.

SAM: Ich verstehe ... Und was hat es zu bedeuten, dass die Kinder im Waisenhaus „Mama
Jean-Claude" zu dir sagen?

FE: Nein, nein, Sam, so ist das nicht. Nicht wie du
jetzt denkst. Jean-Claude ist nicht mein Sohn.
Für die Waisenkinder ist er aber trotzdem
irgendwie mein Sohn, Verwandtschaft spielt
für sie keine Rolle mehr. Alle, die ihre Angehörigen verloren haben, gehören jetzt zu der
Familie der Überlebenden.

Quelle: Nach: Hanna Jansen: Herzsteine. Verlagsgruppe Beltz.
Gulliver 2018, Weinheim Basel, S. 124–126.

76 a) *So könntest du das Gespräch vervollständigt
haben:*

LUK: *Das war bestimmt ein aufregender Tag.
Magst du mir ein wenig davon erzählen?
Kannst du mir zum Beispiel das Heim ein
bisschen beschreiben, damit ich es mir vorstellen kann?*

SAM: *Es liegt in einem Stadtviertel ähnlich wie
Kimironko, wo es auch hauptsächlich Lehm-
häuser gibt. Das Gebäude ist aber aus Stein.
Es ist ein einfacher, schäbiger Kasten mit
zwei Wohnflügeln. Davor liegt ein leerer
Hof ohne Schatten. Alles ist sehr schlicht
eingerichtet. Das Klassenzimmer hat stark
verschmutzte Wände und Einschusslöcher. Überall finden sich Spuren der Zerstörung. Abgerissene Paneele hängen von
der Decke. Die Fenster können nicht geöffnet werden, die Fensterscheiben sind
kaputt und der einzige Schrank hat eine
herausgebrochene Tür.*

LUK: *Und Fe ist dort Englischlehrerin oder wie
kann ich mir das vorstellen?*

SAM: *Na ja, sie unterstützt die Arbeit vor Ort,
spendet wohl immer wieder auch Lebensmittel und bietet den Kindern Englisch-
unterricht an, so ganz spielerisch, nicht
streng. Sie macht das wirklich gut und ist
mit Freude dabei. Die Kinder haben sie
sehr gern.*

LUK: *Und wie war dein Eindruck von den
Kindern?*

SAM: *Alle sehr dünn und wegen der Läuse
kahl geschoren, schlafen in engen, dunklen Zimmern und haben keine Spiel-
sachen. Mum hat mir aber erklärt, dass sie
alles haben, was zum Leben nötig ist.*

(137 Wörter)

b) *So könnte das Gespräch weitergehen:*

SAM: *Nein, absolut nicht.* Es liegt in einem
Stadtviertel ähnlich wie Kimironko, auch
in einer Gegend mit hauptsächlich Lehm-
häusern. Das Gebäude des Waisenhauses
ist aber aus Stein, ein einfacher, schäbiger
Kasten mit zwei Wohnflügeln, davor ein
leerer Hof ohne Schatten. Gewaschen wird
von Hand in einem Trog. Das Klassenzimmer hat stark verschmutzte Wände und
stell dir vor, sogar Einschusslöcher! Überall finden sich Spuren der Zerstörung: Abgerissene Paneele hängen von der Decke,
Fenster können nicht geöffnet werden, die
Fensterscheiben sind kaputt und der einzige Schrank im Raum hat eine herausgebrochene Tür ...

LUK: Hmm ... Und was genau macht Fe dort?

SAM: Na ja, sie unterstützt die Arbeit vor Ort,
spendet wohl immer wieder auch Lebensmittel und bietet den Kindern Englisch-
unterricht an, so ganz spielerisch, nicht
streng. Sie macht das wirklich gut und ist
mit Freude dabei. Die Kinder haben sie
sehr gern.

LUK: Und wie war dein Eindruck von den
Kindern?

SAM: Ich war schon ganz schön erschrocken,
sie sind alle sehr dünn und wegen der Läuse kahl geschoren. Sie schlafen in engen,
dunklen Zimmern und haben keine Spiel-
sachen. Mum hat mir aber erklärt, dass sie
alles haben, was zum Leben nötig ist.

LUK: Vermutlich ist es wirklich sehr wenig,
was man zum Leben braucht ...

SAM: Das war aber nicht das Einzige, was
mich heute erschreckt hat. Unterwegs sind
Jean-Claude und ich an einem Unfall vor-
beigekommen. Zwei Arbeiter sind an einer
Baustelle verschüttet worden. Es standen
jede Menge Leute tatenlos an der Unfall-

stelle herum. Da fragt man sich schon, wie
viel hier ein Menschenleben zählt ... Aber
ich muss jetzt echt ins Bett. Ich kann kaum
mehr die Augen offenhalten. Gute Nacht,
Dad.

> LUK: Gute Nacht, mein Junge. Schlaf gut.

(265 Wörter)

77 *Kapitel 4: S. 128–135*
Mögliche Überschrift: Fe und Luk kommen sich
nicht näher, Luks Flucht, Sam fügt sich ein
Handlungsorte: Restaurant „Chez Robert", in
der Disco, im Hotel
Personen: Sam, Fe, Luk, Jean-Claude

78 a) LUK

- [X] Er hat am Telefon alle Register gezogen, um seine Frau zu überreden, mit ins Restaurant zu kommen.
- [X] Er hat ein besonders schönes Lokal ausgesucht.
- [X] Er hat einen Tisch auf der Terrasse direkt neben einem Teich mit Springbrunnen ausgewählt.
- [X] Im Lokal gibt es typische Landesgerichte.

FE

- [X] Sie wirkt äußerlich fast wie früher.
- [X] Sie hat sich zum Restaurantbesuch überreden lassen.
- [X] Sie trägt ein elegantes Kleid aus Europa.
- [X] Sie trägt eine Kette, die sie von ihrem Mann bekommen hat.

b) LUKS UNVERSTÄNDNIS: *„Du hättest dir doch wenigstens – eine Wohnung mieten können. Oder ein Apartment. – Ich verstehe einfach nicht, wie du so wohnen kannst, obwohl es doch – überhaupt nicht nötig ist!"* (S. 129)
FES ERWIDERUNG: „Mama Munyemana braucht mich, ich bin ihr verpflichtet. Sie ist eine alte Freundin meiner Mutter, wie du weißt." (S. 129)
LUKS ARGUMENT: „Ja, natürlich. – Ich verstehe ja, dass du sie unterstützen möchtest, aber das – wäre doch auch möglich, ohne dass du bei ihr wohnst!" (S. 129)
FES ERWIDERUNG: „Du verstehst es eben nicht! [...] Wie denn auch?" (S. 129)

LUKS ENTGEGNUNG: *„Was willst du damit sagen? – Hältst du mich für so unsensibel, dass ich mich nicht in dich hineinversetzen kann?"* (S. 130)
FES ANTWORT: *„Ach, Luk, es geht doch nicht darum, ob du sensibel bist oder nicht! Das hier ist etwas, das du niemals nachvollziehen kannst, weil ... nein wirklich, es geht nicht um dich!"* (S. 130)

79 a) Sam will sich aus dem Konflikt heraushalten. Er lässt sich von einem Kellner bei seinen Eltern entschuldigen und verabredet sich mit Jean-Claude, der ihn zuvor angerufen hatte. Die beiden gehen in eine Disco. Dort trinkt er Alkohol und lässt sich von der Musik treiben.

b) Sam berichtet Enna, dass sein Vater eine Rundreise durchs Land angetreten hat und er daher in den letzten Tagen viel Zeit bei seiner Mutter, Jean-Claude und Mama Munyemana verbracht hat. Sam leidet darunter, dass seine Mutter ihm gegenüber so kalt ist. Er wünscht sich, dass sie ihn bittet, bei ihr zu wohnen, und er würde dies, trotz der ärmlichen Umstände, tun. In einem weiteren Tagebucheintrag berichtet Sam Enna von Kinyarwanda, der Sprache seiner Mutter.

c) Er lässt den Besuch in der Disco weg.

d) Ich mag dich.

80 *So könnte deine Stellungnahme lauten:*
Luk hat mit seinem Vorwurf nicht ganz unrecht. Indem Fe nach Ruanda gegangen ist, hat sie die Familie verlassen und Sam muss ohne Mutter zurechtkommen. Und auch jetzt, während Sams Besuch in Ruanda, lässt sie die Familie allein, indem sie nicht zu ihnen ins Hotel kommt oder gemeinsam mit ihnen in einem eigenen Apartment wohnt. Man kann also den Eindruck bekommen, dass Fe nur an sich denkt und Sams Wohl nicht berücksichtigt. Andererseits kann ich auch Fes Sichtweise verstehen. Sie hat 17 Jahre lang versucht, ein normales Familienleben zu führen und Sam eine Mutter zu sein. Aufgrund ihrer Erlebnisse konnte sie dieser Rolle aber nicht gerecht werden. Um Sam eine gute Mutter sein zu können, muss sie zuerst mit sich und ihrer Vergangenheit ins Reine kommen. Fe sieht die einzige Chance, dass sie ihr Trauma überwindet,

darin, dass sie zu ihren ruandischen Wurzeln zurückkehrt und die Vergangenheit aufarbeitet. Dazu gehört ihrer Meinung nach offenbar auch, dass sie bei Mama Munyemana in einfachen Verhältnissen wohnt. Würde sie aufgrund des Familienbesuchs von ihrem Weg abweichen, könnte alles, was sie im letzten halben Jahr erreicht hat, wieder zunichte gemacht werden. Indem sie das macht, was ihrem Heilungsprozess dient, tut sie indirekt auch Sam etwas Gutes. Denn nur, wenn sie ihren inneren Frieden findet, kann sie Sam die Mutter sein, die er sich wünscht.

81 a) *So könnte die Textnachricht lauten:*
Mum, du hast sicher deine Gründe, warum du mich nicht fragst, ob ich während Dads Rundreise zu dir kommen möchte. Sobald du mir aber sagen würdest, dass ich kommen soll, wäre ich da. Vielleicht wäre es ja schwierig für mich, in so einem einfachen Haus zu schlafen, in einem Zimmer zu zweit, wo ich auf dem Boden liegen müsste. Aber ich wäre trotz allem bereit dazu, weil ich Zeit mit dir haben möchte, Zeit für all das, was dir so unglaublich wichtig ist.
Dein Sam (85 Wörter)

b) *So könnte der Brief lauten:*
Hallo Mum,
ich weiß, du hast sicher deine Gründe, warum du mich nicht fragst, ob ich während Dads Rundreise zu dir kommen möchte. Ich wollte dich aber trotzdem wissen lassen, dass ich da wäre, sobald du mir sagst, dass ich kommen soll. Aber bisher hast du es leider nicht gesagt. Wahrscheinlich hast du recht damit, wenn du fürchtest, dass es schwierig für mich wäre, in so einem einfachen Haus zu schlafen, in einem Zimmer zu zweit, wo ich auf dem Boden liegen müsste. In einem einfachen Lehmhaus ohne fließend Wasser und Toilette. Es wäre ganz anders als alles, was ich aus Deutschland kenne, aber ich wäre trotz allem bereit dazu. Ich würde noch viel mehr als das auf mich nehmen. Einfach, weil ich Zeit mit dir verbringen möchte. Weil ich Zeit für all das haben möchte, was dir so unglaublich wichtig ist. Also sag es bitte, wenn ich zu dir kommen soll.
Dein Sam (154 Wörter)

82 *Kapitel 5: S. 136–145*
Mögliche Überschrift: Erlebnisse beim Einkaufen, Einkaufen und Fotografieren
Handlungsort(e): auf dem Kleidermarkt, auf dem Lebensmittelmarkt
Personen: Sam, Jean-Claude, Händler, zwei jugendliche Schläger

83 *Folgende Gründe könntest du genannt haben:*
1 Sam ist eifersüchtig darauf, dass Jean-Claude mit seiner Mutter unter einem Dach wohnt.
2 Sam ist eifersüchtig darauf, dass sich Jean-Claude und seine Mutter so gut verstehen.
3 Er ist sogar darauf eifersüchtig, wie normal seine Mutter reagiert, wenn es zwischen Jean-Claude und ihr Streit gibt.

84 *So solltest du die Sätze zusammengefügt haben:*
1 Sam ist als Bazungu, wie Menschen mit heller Hautfarbe von den Einheimischen genannt werden, ein begehrter, weil zahlungskräftiger Kunde.
2 Für Touristen gelten andere Preise als für Einheimische, deshalb will er an Ständen für Einheimische einkaufen.
3 Es handelt sich um einen Einkaufsführer, der sie zum Händler mit den preiswertesten Hosen bringt und aufdringliche Verkäufer abwehrt.
4 Der Händler nennt zuerst einen Preis, der vom Käufer auf keinen Fall akzeptiert und am Ende meist auf weniger als die Hälfte heruntergehandelt wird.
5 Während Jean-Claude das Feilschen für eine gute Sache hält, kommt sich Sam wie ein Ausbeuter vor.

85 a) Sam war laut Jean-Claude so „dumm" und „respektlos", ungefragt die Mutter der beiden Jungen zu fotografieren.

b) Jean-Claude kann zwischen beiden Parteien vermitteln, sodass Sam seine Kamera wiederbekommt. Dafür dürfen aber die beiden Jungen, die Sam angegriffen haben, die Speicherkarte behalten. Somit ist sichergestellt, dass Sam keines der Fotos behalten bzw. verwenden kann.

c) Sam erklärt Enna, dass die Leute in Ruanda denken, die reichen, fremden Weißen würden die Fotos von ihnen verkaufen und damit viel Geld verdienen. Außerdem glauben viele Menschen (selbst noch im Jahr 2011), dass man mit dem Apparat ihre Seelen fangen will, weshalb sie vor dem Fotografieren Angst haben. Daher will Sam auf keinen Fall riskieren, dass er jemanden fotografiert, auch nicht versehentlich.

86 a) *Partnerarbeit*

b) *Gruppenarbeit*

87 a) und b) *So könnte der Text auf der Postkarte lauten:*
Hey Jungs,
hier schreibt euch „der, den sie in Ruanda Bleichgesicht nennen." Kaum zu glauben, aber hier bin ich wirklich „der Weiße" und werde auch so angesprochen! Viele Grüße aus dem wirklich abenteuerlichen Afrika! Leider wird es mit Urlaubsfotos nichts. Stellt euch vor, mir hat man die Kamera aus der Hand gerissen und mich ganz schön vermöbelt, weil ich auf dem Markt die Mutter von zwei Halbstarken fotografiert habe! Manche Leute glauben, die Weißen machen mit den Fotos das große Geld oder fangen die Seelen der Fotografierten ein. Alles Weitere demnächst mal. See you! Sam   *(95 Wörter)*

88 *Kapitel 6: S. 146–153*
Mögliche Überschrift: Besuch der Gedenkstätte des Völkermordes Gisozi
Handlungsort(e): Gedenkstätte Gisozi
Personen: Sam, Jean-Claude

89 a) Fe schlägt Sam vor, mit Jean-Claude Gisozi, die Erinnerungsstätte für den Völkermord, zu besuchen. Dort sollen 250 000 Menschen begraben sein, darunter auch Fes ganze Familie und Jean-Claudes Mutter, Schwestern und seit letztem Jahr auch sein Vater Munyemana. Fe geht aber nicht mit.

b) Es sind riesige Betonplatten, die vom Staub der roten Erde rot getönt sind. Eine der Betonplatten hat ein symbolisches Fenster, durch das man aber nicht nach unten sehen kann. Die Öffnung ist mit weiß-violetten Satintüchern ausgekleidet und enthält ein Kreuz.

c) Jean-Claude erklärt, dass die Klappe für die Toten gedacht ist, die noch an anderen Orten ausgegraben werden.

d) **1** Sein Vater ist Munyemana, der ehemals beste Freund von Sams Mutter.
2 Jean-Claudes Vater liegt auch in diesem Massengrab.
3 Jean-Claudes Vater wurde erst vor Kurzem nach Gisozi umgebettet.

90 a) *So könnte deine Erklärung lauten:*
Vielleicht kommt es Jean-Claude lächerlich vor, dass jemand den Besuch der Gedenkstätte nicht aushält. Er selbst hat seinen Vater verloren und viel Leid, Gewalt und Elend direkt gesehen und erlebt. Was soll er also sagen, wenn Sam schon die Gedenkstätte schlimm findet?

b) *Gruppenarbeit*

c) *Gruppenarbeit*

91 *individuelle Lösung*

92 a) *Mögliche Erklärungen:*

Erklärungen für Jean-Claudes Verhalten	Erklärungen für das Verhalten des Besuchers
• Er hat innerlich eine Mauer aufgebaut, um die negativen Gedanken und Gefühle auszusperren und sich dadurch selbst zu schützen.	• Er kennt persönlich Menschen, die vom Völkermord betroffen sind, und leidet daher besonders mit ihnen mit.
• Er ist durch das Erlebte innerlich wie betäubt und kann keine Gefühle mehr zeigen.	• Er fühlt sich an die KZ-Gedenkstätten erinnert und die Gefühle, die ihn dort bewegt haben, wallen wieder auf.
• Er hat früher schon so viele Tränen wegen des Völkermords vergossen, dass er jetzt keine mehr hat.	• Er hat selbst einen geliebten Menschen verloren und fühlt sich, z. B. durch die Kinderbilder, daran erinnert.
• Er hat selbst viel Schlimmeres gesehen und erlebt, dass ihm die Gedenkstätte im Vergleich harmlos vorkommt.	• Er war zuvor noch nie mit solchen Gräueltaten konfrontiert, was ihn völlig aus der Fassung bringt.
• Er möchte vor Sam und anderen Menschen nicht schwach und verletzlich wirken, weshalb er in der Öffentlichkeit keine Trauer zeigt.	• Ihm war bis zum Besuch der Gedenkstätte nicht bewusst, was in Ruanda passiert ist. Daher konnte er sich innerlich nicht für das wappnen, was er dort gesehen hat.

So könnte der Tagebucheintrag lauten:
Eine Sache geistert mir ständig durch den Kopf: Vor den Toiletten der Gedenkstätte saß ein Weißer, der hemmungslos geweint hat, während Jean-Claude die ganze Zeit fast gefühllos wirkte … Müsste es nicht Jean-Claude sein, der weint? Oder hat er vielleicht keine Gefühle gezeigt, weil er selbst viel Schlimmeres gesehen hat und ihm die Gedenkstätte im Vergleich harmlos vorkam? Ich habe es zumindest kaum ausgehalten. In Gisozi hat es mir unglaublich viel ausgemacht, dass Mums Familie tot ist. Meine Familie, Enna! Könnte es sein, dass der Weiße vor der Toilette auch irgendeine Verbindung nach Ruanda hat? Vielleicht ein Pflegekind? Dass er jemanden gut kennt, der vom Völkermord betroffen ist, könnte erklären, warum er so stark mitgelitten und geweint hat … Aber jetzt genug davon. Jetzt will ich lieber von dir träumen …
(128 Wörter)

b) *So könnte der Tagebucheintrag lauten:*
Ich bins noch mal, Enna. Es ist mitten in der Nacht und ich kann einfach nicht schlafen. Gisozi hält mich davon ab. Eine Sache geistert mir ständig durch den Kopf. Deswegen muss ich dir davon erzählen: Kurz vor dem Ausgang der Gedenkstätte sind die Toiletten. Soweit nichts Besonderes. Aber dort saß ein Weißer mit einer Baseballmütze auf dem Schoß und hat hemmungslos geweint. Stell dir das vor! Ein Weißer, der eine Mütze voller Tränen weint, während Jean-Claude die ganze Zeit fast gefühllos wirkt … Wie kann das sein? Müsste es nicht eigentlich Jean-Claude sein, der weint? Ich habe ihn auch gefragt, wie man so was aushalten kann. Er hat mir fast verächtlich geantwortet: „Was glaubst du denn, was ich gesehen habe?" Meinst du, das ist auch der Grund, warum er keine Gefühle gezeigt hat? Weil er selbst viel Schlimmeres gesehen hat und ihm die Gedenkstätte im Vergleich harmlos vorkam? Ich habe es zumindest kaum ausgehalten. Früher hat es mir nichts ausgemacht, dass wir nur zu dritt waren, Mum, Dad und ich. Aber in Gisozi hat es mir unglaublich viel ausgemacht, dass Mums Familie tot ist. Meine Familie, Enna! Könnte es sein, dass der Weiße vor der Toilette auch irgendeine Verbindung nach Ruanda hat? Vielleicht haben er und seine Frau ein Waisenkind adoptiert? Da war nämlich auch noch eine Frau, die verheult aussah. Dass sie jemanden gut kennen, der vom Völkermord betroffen ist, könnte erklären, warum sie so stark mitgelitten und geweint haben … Aber jetzt genug davon. Jetzt will ich lieber von dir träumen … Bis gleich in meinen Träumen!
(257 Wörter)

93 *Kapitel 7: S. 154–164*
Mögliche Überschrift: Fe lernt schwimmen, Fe will in Ruanda bleiben, Fes Beichte/Erklärung/ehrliche Worte
Handlungsort(e): Hotelpool, Hotelzimmer
Personen: Sam, Fe

94 a) Er ruft seine Mutter an und will ihr, die bisher Angst vor Wasser hatte, das Schwimmen beibringen.

b) Fe beichtet Sam, dass sie nicht mit zurück nach Deutschland kommen, sondern in Ruanda bleiben wird.

c) **1** In Ruanda kann Fe tun, was für sie sinnvoll ist.

2 Zudem braucht sie noch mehr Zeit, um sich selbst zu finden.

3 Sie fühlt sich schuldig und glaubt, dass sie etwas wiedergutmachen muss.

4 Sie glaubt, dass sie sich nur in Ruanda von dem befreien kann, was zwischen ihr und dem Leben steht.

5 Sie ist der Meinung, dass es etwas gibt, das sie irgendwann zu Ende bringen muss, aber erst, wenn es so weit ist.

95 *Folgende Aspekte könntet ihr gefunden haben:*
Zurück nach Deutschland gehen:
- Fe ist Mutter und Ehefrau. Sie muss daher auch an ihren Mann und ihren Sohn denken. Sie kann als Mutter nicht einfach ihr Kind im Stich bzw. alleinlassen.
- Ihr Mann hatte bisher großes Verständnis für sie, die ganze Familie hat immer auf sie Rücksicht genommen und für sie zurückgesteckt, z. B. beim Umzug nach Sylt. Jetzt muss sie auch einmal Rücksicht auf ihre Familie nehmen.
- Sie trägt objektiv gesehen keine Schuld an dem, was ihrer ruandischen Familie passiert ist. Das hätte sie auch nicht verhindern können, wenn sie in Ruanda geblieben und nicht nach Europa gegangen wäre. Ihr jetziger Aufenthalt dort ändert daran auch nichts.
- Die Schuldgefühle kann sie auch in Ruanda nicht so leicht loswerden, denn sie sind Teil ihres Traumas.
- Luk liebt sie. Sie bricht ihm das Herz, wenn sie in Ruanda bleibt.

- Sie hat Luk im Grunde alles zu verdanken, sie müsste ihm allein aus Dankbarkeit zurück nach Deutschland folgen.
- Es ist fragwürdig, dass und wie sie in Ruanda „Buße" tun will.
- Sie will sich selbst finden. Aber auch in Ruanda ist die Zeit nicht stehen geblieben. Ein neues, modernes Ruanda entsteht und verdrängt das Ruanda ihrer Kindheit.
- In Deutschland könnte sie ein komfortables, sicheres Leben führen. Auch von dort aus könnte sie Gutes für Ruanda tun, den Menschen finanzielle Unterstützung zukommen lassen und z. B. Spenden sammeln.

In Ruanda bleiben:
- Sie hat Luk offenbar nie wirklich geliebt und ist nur mit ihm zusammengekommen, weil er ihr eine Zukunft bieten konnte.
- Sie kann sich nicht verzeihen, dass sie die einzige Überlebende ihrer Familie ist und kann mit der Schuld, ihre Mutter und ihre Schwestern verlassen zu haben, nicht weiterleben. Ihr Engagement im Waisenhaus sieht sie als einen Akt der Buße an. Diesen Weg muss sie weitergehen.
- Ihre Mutter und ihre Schwestern haben alles dafür getan, dass sie eine gute Bildung genießen konnte und ihr alle Möglichkeiten offenstanden. Sie aber war dafür nicht sonderlich dankbar, sie war vielmehr ein verwöhntes Mädchen, was ihr jedoch erst später klar wurde. Und genauso egoistisch hat sie auch allein die Flucht ergriffen. Diese Schuld kann sie nur in Ruanda an den wenigen Überlebenden wiedergutmachen.
- Sie ist traumatisiert und weiß, dass sie in Deutschland von ihrem Trauma nicht geheilt werden kann. Wäre dies möglich, hätte es in den vergangenen Jahren schon funktioniert.
- Ihre Heimat ist in Ruanda, ihre Wurzeln sind dort, ihre Familie starb dort, sie kann daher nicht auf Dauer in Europa leben.
- Sie merkt, wie gut es ihr tut, mit Mama Munyemana und Munyemanas Sohn Jean-Claude zusammenzuleben. Sie fühlt sich in Ruanda stark und lebendig.
- Der europäische Lebensstil ist für sie zum Widerspruch zu ihrem afrikanischen Leben geworden.

96 *So könnte man Fes Lebensgeschichte skizzieren:*
Als Kind lebt sie auf dem Land, ist sehr wild, naturverbunden und lebhaft. Von ihrem Vater, ihrer Mutter und ihren beiden Schwestern wird sie sehr geliebt. 1993, als Fe 3 Jahre alt ist, stirbt ihr Vater im Zuge eines Militärputsches, bei dem Tausende getötet werden. Sie kann sich mit ihrer Mutter und ihren Schwestern bei einer Nachbarin im Küchenhaus verstecken. Sie kommen mit dem Leben davon, verlieren aber all ihren Besitz – auch Fes Lieblingskuh Kanama.
Nach dem Putsch zieht die Familie vom Land in die Hauptstadt Kigali. Dort arbeitet ihre Mutter bei einer weißen englischen Arztfamilie. Fe erlangt die Aufmerksamkeit von Elizabeth, der Frau des Arztes. Elizabeth beschäftigt sich mit Fe, fördert diese und bringt ihr Englisch bei. Fe ist deshalb angesichts ihrer Herkunft sehr gebildet. Als ihre Mutter und ihre Schwestern ihr den Besuch eines Gymnasiums ermöglichen, nimmt sie dies als selbstverständlich hin. Ihre drei Mütter (Mutter und Schwestern) tun auch alles dafür, dass sie nach ihrem Schulabschluss als Au-pair nach London reisen kann, um ihr Englisch zu verbessern. Nach einem Jahr kehrt Fe zurück nach Ruanda. Als der Völkermord beginnt, gelingt es ihr, aus Ruanda zu fliehen. Sie verabschiedet sich jedoch nicht von ihrer Familie und lässt diese dort zurück, was ihr seither ein schlechtes Gewissen bereitet.
In London, wohin sie vor dem Völkermord geflohen ist, findet sie dank ihrer Freundin Durga eine Arbeitsstelle als Servicekraft im Hotel. Dort lernt sie Luk kennen, den sie wenig später heiratet und dem sie nach Deutschland folgt. Sie werden Eltern eines Sohns, Sam. Nach der Geburt ihres Sohnes ist Fe zunächst glücklich. Sie ist jedoch traumatisiert und wird schon bald von ihrer Vergangenheit eingeholt und leidet an Albträumen.

97 a) *So könnten die Gefühlsäußerungen und Vorwürfe lauten (nur fünf erforderlich):*
1 Was bist du denn für eine Mutter? Lässt dein eigenes Kind im Stich!
2 Du hast unsere Liebe doch gar nicht verdient! Alles hast du Dad zu verdanken, alles hat er dir zuliebe gemacht, immer mussten alle auf dich Rücksicht nehmen!
3 Dann bleib doch in diesem abgeranzten Haus und tu so, als ob damit etwas ungeschehen zu machen wäre!
4 Du hast Schuldgefühle, weil du egoistisch gehandelt hast? Ja, und genau das tust du jetzt auch wieder. Denk ruhig nur an dich, ganz egal, was mit Dads und meinen Gefühlen ist!
5 Wahrscheinlich war ich dir schon immer im Weg, vielleicht hast du mich sowieso gar nicht gewollt?! Von einem Mann, den du nicht lieben konntest.
6 Rette jetzt nur dein Leben, was aus unserem Leben wird, muss dich ja nicht kümmern.

b) *Partnerarbeit*

c) *So könnte der Tagebucheintrag lauten:*
Heute Nacht, als du mir alles erzählt hast, habe ich mich dir so nah gefühlt. Ich dachte, jetzt wird alles gut. Aber dann bist du einfach gegangen, ohne ein weiteres Wort darüber zu verlieren. Wie konntest du mich danach einfach mit all den Fragen alleinlassen? Und zu allem Übel willst du auch noch in Ruanda bleiben?! Was bist du denn für eine Mutter? Lässt dein eigenes Kind im Stich! Ausrasten könnte ich vor Wut … und vor allem vor Enttäuschung. Aber wahrscheinlich war ich dir schon immer im Weg, vielleicht hast du mich sowieso gar nicht gewollt … Von einem Mann, den du nicht lieben konntest! Aber weißt du was? Du hast unsere Liebe doch gar nicht verdient! Alles hast du Dad zu verdanken, alles hat er dir zuliebe gemacht, immer mussten alle auf dich Rücksicht nehmen! Du hast Schuldgefühle, weil du egoistisch gehandelt hast? Ja, und genau das tust du jetzt auch wieder. Denk ruhig nur an dich, ganz egal, was mit Dads und meinen Gefühlen ist! Dann bleib doch in diesem abgeranzten Haus und tu so, als ob damit etwas ungeschehen zu machen wäre!
Am liebsten würde ich dir das alles ins Gesicht schreien, aber das würde es nur noch schlimmer machen. Aber es musste einfach mal raus … jetzt fühle ich mich immerhin etwas besser. *(215 Wörter)*

98 Kapitel 8: S. 165–179

a) Mögliche Überschrift: Ehrengäste im Geburtsort von Fe, Onkel Phillippes Geschenk
Handlungsort(e): in Musas Auto, Fes Geburtsort
Personen: Sam, Musa, Fe, Musas Familie, Fes Familie

b) Mögliche Überschrift: Fes Leben in London, Keine Überlebenden in Kigali
Handlungsort(e): London
Personen: Fe, ihre Freundin Durga

99 a) *Folgendes solltest du unterstrichen haben:*
- „nein … ich war zwar noch ein Kind, erst drei, […] Musa aber nicht, er ist mindestens zehn Jahre älter und war unser Hirtenjunge. Seine Schwester ist ungefähr so alt, wie meine Schwester Ingabire heute wäre" (S. 167)
- „Wir waren damals Nachbarn, doch Musas Familie gehörte zu den anderen. Es war übrigens seine Mutter, die uns tagelang in ihrem Küchenhaus versteckt hat. Mukantaganda, die Fleißige … Ihr verdanke ich es wohl, dass ich noch lebe. […]" (S. 168)
- „Jetzt ist er Mama Munyemanas Nachbar und ich glaube, sie betrachtet ihn als Freund. Nach meiner Rückkehr traf ich ihn eines Tages bei ihr wieder und erfuhr von ihm, dass wir mittlerweile sogar irgendwie verwandt sind. […] Ein entfernter Cousin von mir […] hat Musas Schwester geheiratet." (S. 168)

b) *So könnte deine Rekonstruktion lauten:*
Musa ist mindestens zehn Jahre **älter** als Fe. Er war damals der **Hirtenjunge** der Familie. Er hat eine Schwester, die ungefähr so alt ist, **wie Ingabire**, Fes Schwester, heute wäre. Musas und Fes Familie waren damals **Nachbarn**. Musas Familie gehört **zu den „anderen"**. Seine Mutter war es aber, die Fes Familie tagelang in ihrem Küchenhaus **versteckt** hat, was wohl ihre **Rettung** war. Fe ist ihr danach nie wieder begegnet. Musa ist später in die **Stadt** gezogen. Jetzt ist er Mama Munyemanas **Nachbar** und Freund. Er und Fe sind mittlerweile auch **verwandt**. Ein entfernter Cousin von Fe heiratete Musas Schwester.

c) *Partnerarbeit*

100 a) und b) *So könnte das Gespräch aussehen:*
FE: Sam, ich weiß nicht, ob ich überhaupt dahin will! Musa meint, es wäre an der Zeit, und ich dachte, wenn du mitkommst, würde es mir leichter fallen, aber jetzt … plötzlich bin ich mir nicht mehr so sicher!
SAM: Ich bin froh, dass du mich mitnimmst!
FE: Ja? Vielleicht gehen wir einfach nur spazieren, wir müssen Musas Schwester ja nicht unbedingt besuchen, was meinst du?
SAM: Ja, Mum, ein Spaziergang wäre schön. Nur wir beide, und du zeigst mir alles, woran du dich erinnern kannst!
FE: Ach, wer weiß, nach so langer Zeit … kann sein, dass nichts mehr so wie früher ist.

Quelle: Wörtliche Rede aus: Hanna Jansen: Herzsteine. Verlagsgruppe Beltz. Gulliver 2018, Weinheim Basel, S. 168/169. (gekürzt, leicht verändert)

101 a) *Folgendes solltest du durchgestrichen haben:*
- ~~Bild des Präsidenten~~
- ~~Palmblätter als Schutz über den Speisen~~
- ~~dunkelbraune Fenster~~
- ~~hell gestrichene Holzbank~~

b) Die Zeichnung zeigt ein traditionelles strohgedecktes Rundhaus, wie es auf dem Bild aus Schilf oder Bast im Haus von Musas Schwester Sophie zu sehen ist. Sam vermutet, dass die Dörfer früher so ausgesehen haben.

102 a) Sams Onkel Phillippe schenkt ihm eine Kuh.

b) *So könnte Phillippes Ansprache lauten:*
Heute ist ein Tag großer Freude, weil unsere kleine Inyana nach so vielen Jahren mit Samuels (= Fes Vater) Enkel in unser Dorf zurückgekommen ist. Ich habe Samuel gut gekannt und sehr bewundert, als ich selbst noch ein Junge war. Was Samuel und anderen Männern der Familie widerfahren ist, hat mich – als ich dann älter war – schließlich selbst dazu gebracht, mich den Rebellen anzuschließen. Diesem Unrecht musste ein Ende gemacht werden. Doch auch ich bin wieder in mein Dorf, in unser Dorf zurückgekehrt, um die Familientradition fortzuführen. Die Zeit des Tötens ist vorüber, hoffentlich für immer vorüber.
Die Kuh gehört jetzt dir. Sie ist ein Geschenk der Familie. Wer eine Kuh besitzt, ist ein reicher Mann. Du kannst mit ihr tun, was du

willst. Sie vielleicht verkaufen oder auch bei mir lassen. Dann werde ich an deiner Stelle für sie sorgen, so, als ob sie noch mir gehört. Natürlich weiß ich sehr gut, dass du sie nicht mit nach Europa nehmen kannst. Aber jedes Kälbchen, das sie auf die Welt bringt, wird in Zukunft dir gehören. Und wenn du eines Tages wiederkommst, besitzt du vielleicht eine ganze Herde. Hier, nimm sie, sie gehört jetzt dir. Wenn du willst, kannst du sie nachher auch gleich selbst auf die Weide treiben. Ich werde dir zeigen, wo das ist.

Quelle: Nach: Hanna Jansen: Herzsteine. Verlagsgruppe Beltz. Gulliver 2018, Weinheim Basel, S. 172. (gekürzt, leicht verändert)

103 a) *Folgendes solltest du unterstrichen haben:* „Die endlose grüne Weite der Hügel, auf deren Oberfläche terrassenförmige Felder geometrische Muster bilden. Ringsum nur sanfte Hügelketten [...].“ (S. 173)

b) Vermutlich berührt Sam Fes Aussage „Du hast viel von ihm – er war so stark und unbeirrbar und das bist du auch.“ (S. 174) am meisten. Ihm wird dadurch einmal mehr bewusst, dass er Teil der Familie und der Geschichte dieses Landes ist.

104 Sie **mied** die Medienberichte und **versuchte** erst wieder in Kigali **anzurufen**, als sie **hörte**, dass das Massaker vorbei **war**. Sie **erreichte** jedoch keinen aus ihrer Familie. Schließlich **erfuhr** sie von Mama Munyemana, was sie schon **befürchtet hatte**: Keiner aus ihrer Familie **hatte überlebt**. Fe **kann** sich nicht **verzeihen**, dass sie ihre Familie egoistisch im Stich **gelassen hatte** und auch, wie undankbar sie gegenüber ihrer Mutter und ihren Schwestern **war**, die alles für sie **getan hatten**. Das Leben bei Mama Munyemana **hilft** ihr nun ein bisschen, damit **umzugehen**. Dass Fe Mama Munyemana und Jean-Claude nun **unterstützen kann, ist** für sie eine Art heilsame Buße.

105 *So könnten deine Stichpunkte lauten:*
- Fes Erzählung, wie und wann sie erfahren hat, dass ihre Familie getötet wurde
- Fes Eingeständnis ihrer Schuld und wie sie diese begleichen will

106 *individuelle Lösung*

107 a) *Folgende Stichpunkte können dir helfen:*
- Positive Erinnerungen an ihre Lieblingskuh Kanama (vgl. S. 11, 21)
- Bedeutung ihres Spitznamens Inyana: „Kälbchen“ (vgl. S. 11)
- Erinnerung an Kanamas Tod (vgl. S. 7, 34)
- Bedeutung ihres Namens Nkulikiyinka: „die der Kuh hinterherläuft“ (vgl. S. 11)
- Gedanken an die gemeinsamen Erlebnisse mit ihrem Vater auf der Weide (vgl. S. 15)

So könnten die Gedanken lauten (nur drei erforderlich):
- Ach, dieses Kälbchen mit seinen großen braunen Augen erinnert mich so an meine süße Kanama ... Meine Kanama mit den allerliebsten Augen auf der Welt. Meine Kanama, die auch noch den Namen meines Geburtsmonats trug. *(34 Wörter)*
- Auch ich war einmal ein Kälbchen, Vaters Kälbchen Inyana. Damals war ich so wild und bin wie ein junges Kalb herumgesprungen, dass er mir diesen Namen gegeben hat ... Aber das war einmal ... Inyana gibt es nicht mehr. *(37 Wörter)*
- Zusammen mit meiner Kanama ist auch Inyana gestorben. Ich erinnere mich noch viel zu genau an diesen Tag. Kanamas Maul war zum stummen Schrei aufgerissen, als ich ihren Kopf fand. Auch Inyana ist in diesem Moment verstummt. Ich vergesse nie, wie Kanamas dunkle große Augen ins Leere gestarrt haben, die ehemals allerliebsten Augen auf der Welt. *(56 Wörter)*
- Dieses Kälbchen hier ist voller Leben, so wie auch ich es einmal war. Ich bin doch Nkulikiyinka, also die, die der Kuh hinterherläuft. Das klingt doch schon nach Leben und Lebendigkeit. *(31 Wörter)*
- Ich weiß noch, wie ich Vater immer zu unseren Kühen auf die Weide gefolgt bin ... Und danach hat er mich manchmal nach Hause getragen, obwohl mir der Kuhmist zwischen den Zehen klebte! Ach, ich vermisse ihn so ... er hat mich so geliebt ... und ich ihn. *(45 Wörter)*

b) *So könnte der innere Monolog lauten:*
Ach, dieses Kälbchen mit seinen großen braunen Augen erinnert mich so an meine

süße Kanama ... Meine Kanama mit den allerliebsten Augen auf der Welt. Meine Kanama, die auch noch den Namen meines Geburtsmonats trug. Auch ich war einmal ein Kälbchen, Vaters Kälbchen Inyana. Damals war ich so wild und bin wie ein junges Kalb herumgesprungen, dass er mir diesen Namen gegeben hat ... Aber das war einmal ... Inyana gibt es nicht mehr. Zusammen mit meiner Kanama ist auch Inyana gestorben. Ich erinnere mich noch viel zu genau an diesen Tag. Kanamas Maul war zu einem stummen Schrei aufgerissen, als ich ihren Kopf fand. Auch Inyana ist in diesem Moment verstummt. Ich vergesse nie, wie Kanamas dunkle große Augen ins Leere gestarrt haben, die ehemals allerliebsten Augen auf der Welt. Aber ich will nicht an diese dunklen Stunden denken. Dieses Kälbchen hier ist voller Leben, so wie auch ich es einmal war. Ich bin doch Nkulikiyinka, also die, die der Kuh hinterherläuft. Das klingt doch schon nach Leben und Lebendigkeit. Auch wenn der Name seltsam klingt, hatte Vater irgendwie recht damit. Ich bin aber nicht nur den Kühen, sondern auch ihm hinterhergelaufen ... nämlich zu unseren Kühen auf die Weide ... Und danach hat er mich manchmal nach Hause getragen, obwohl mir der Kuhmist zwischen den Zehen klebte! Ach, ich vermisse ihn so ... er hat mich so geliebt ... und ich ihn. *(227 Wörter)*

108 *Kapitel 9: S. 180–184*
Mögliche Überschrift: Abschiedsessen mit Hoffnung, Luks Berichte aus dem Affenland, Es gibt ein nächstes Mal, Fes Bitte an Luk
Handlungsort(e): Restaurant
Personen: Sam, Jean-Claude, Luk, Fe

109 a) *Folgendes solltest du markiert haben:*
„Wenn wir das nächste Mal in Ruanda sind"
(S. 181)

b) Luk hat das Personalpronomen „wir" verwendet, was Sam Hoffnung macht.

110 a) Das Geld braucht Fe, um das Haus von Mama Munyemana modernisieren zu lassen, damit dieser eine staatliche Zwangsumsiedlung erspart bleibt und sie bleiben kann, wo sie schon ihr Leben lang gewohnt hat.

b) Luk ist froh, Fe endlich irgendwie helfen zu können, und bittet sie gleich, ihm eine Kostenaufstellung zukommen zu lassen, um das entsprechende Geld überweisen zu können.

c) Sam möchte auch einen eigenen Weg einschlagen und vor allem wegen Enna auf Sylt bleiben.

111 a) *So könnten die Gedanken lauten:*
- Ach, wie sehr ich Sam vermisse ... Ständig muss ich an ihn denken. Besonders wenn ich mit Jona am Strand spazieren gehe, erinnert es mich an unsere Begegnung an den Hünengräbern. Damals, als er den Herzstein gefunden hat ...
- Bald ist Sam wieder da. Endlich! Ich kann kaum erwarten, ihn wieder in die Arme zu schließen, mit ihm zu reden und zu erfahren, was er erlebt hat und denkt ...
- Ob Sam in Ruanda überhaupt an mich denkt? Vielleicht ist viel zu viel los, dass er gar keine Zeit dafür hat? Dann hat er bestimmt auch nichts in das Tagebuch geschrieben ... Vielleicht will er auch gar nichts mehr von mir wissen? *(112 Wörter)*

b) *So könnte der Tagebucheintrag lauten:*
Ach, wie sehr ich Sam vermisse ... Ständig muss ich an ihn denken. Besonders wenn ich mit Jona am Strand spazieren gehe, erinnert es mich an unsere Begegnung an den Hünengräbern. Damals, als er den Herzstein gefunden hat ... Für ihn und uns hat an dem Tag wirklich etwas Neues angefangen, so wie Mama gesagt hat. Aber vielleicht nehme ich die Sache auch viel ernster als Sam? Ob er in Ruanda überhaupt an mich denkt? Vielleicht ist viel zu viel los, dass er gar keine Zeit dafür hat? Dann hat er bestimmt auch nichts in das Tagebuch geschrieben ... Vielleicht will er auch gar nichts mehr von mir wissen? ...
Unsinn! Sam ist nicht so einer. Er hätte vor seiner Abreise nicht bei mir übernachtet, wenn es ihm nicht ernst wäre und es ihm nicht ähnlich gehen würde wie mir ... Ich kann kaum erwarten, ihn wieder in die Arme zu schließen, mit ihm zu reden und zu erfahren, was er erlebt hat. Ich bin so gespannt, was im Reisetagebuch steht. Bald ist er wieder da. Endlich! *(177 Wörter)*

Departure (S. 185–190)

112 Mögliche Überschrift: Abschied mit Ausblick, Gespräche
Handlungsort(e): in Kigali, am Telefon
Personen: Sam, Enna, Fe, Luk

113 a)

Gespräch zwischen ...	Wo?	Wie?	Worüber?
Sam und Enna	Kigali und Sylt	am Telefon	Sie sprechen darüber, dass Sams Mutter in Ruanda bleibt, Sams Vater zurück nach Hamburg geht und Sam bei Enna auf Sylt bleiben will.
Sam und Luk	Kigali	direkt/persönlich	Sam verkündet Luk den Wunsch, ihn nicht zurück nach Hamburg zu begleiten, sondern allein (bzw. mit Enna) auf Sylt zu bleiben.
Sam und Fe	Kigali	direkt/persönlich	Sie besprechen den bevorstehenden Abschied.
Sam und Enna	Kigali und Sylt	am Telefon	Sam kündigt erneut seine Rückkehr an und bringt seine Sehnsucht zum Ausdruck.

b) *Partner- und Gruppenarbeit*

Nachwort (S. 193–195)

114 Mögliche Überschrift: Der Ursprung des Romans, Persönlicher Bezug
Handlungsort(e): *Hanna Jansen privat*
Personen: *Hanna Jansen*

115 a) *So könnten die Fragen bzw. Aussagen und dazugehörigen Textabschnitte lauten:*
  - Wie kommt es dazu, dass Sie sich in Ihren Büchern mit dem Thema „Ruanda" befassen? Haben Sie einen persönlichen Bezug zu diesem Land? → „In den letzten zwanzig Jahren ..." (S. 193)
  - „Herzsteine" ist nicht Ihr erstes Buch über Ruanda. Dennoch unterscheidet es sich vom vorherigen Roman, da es aus einem anderen Blickwinkel geschrieben ist. Was hat Sie zu diesem Perspektivwechsel und zum Schreiben von „Herzsteine" veranlasst? → „Vor zwei Jahren, als mein erster Ruanda-Roman ..." (S. 193)
  - Um welches Thema – neben „Ruanda" – geht es dann in erster Linie in Ihrem Roman? Wie zeigt sich das? → „Ohne eine Aufarbeitung wird das, was unter der Decke schlummert ..." (S. 193/194)
  - Und wie sahen Ihre Recherchen zum Buch aus? Waren Sie selbst in Ruanda und haben mit Betroffenen gesprochen? → „Im Oktober vorigen Jahres ..." (S. 194/195)

b) *So könnte der Brief lauten:*
Sehr geehrte Frau Jansen,
aktuell lesen wir in der Schule Ihren Roman „Herzsteine". Die Geschichte hat mich fasziniert, weshalb ich gerne mehr darüber erfahren würde, wie der Roman entstanden ist. Zuallererst würde mich interessieren, wie Sie darauf gekommen sind, einen Roman über Ruanda zu verfassen. Haben Sie einen persönlichen Bezug zu diesem Land?
Bei meinen Recherchen habe ich herausgefunden, dass „Herzsteine" nicht Ihr erstes Buch über Ruanda ist. Dennoch unterscheidet es sich vom vorherigen Roman, da „Herzsteine" aus einem anderen Blickwinkel geschrieben ist, nämlich aus der Sicht eines Jungen, dessen Mutter beim Genozid ihre Familie verloren hat. Was hat Sie zu diesem Perspektivwechsel und letztlich auch zum Schreiben von „Herzsteine" veranlasst?
Dass es in dem Buch um Ruanda und die Auswirkungen des Völkermords geht, habe

ich so weit verstanden. Ich habe aber den Eindruck, als wäre das noch nicht alles. Um welches Thema – neben „Ruanda" – geht es in Ihrem Roman noch? Woran zeigt sich das?

Als Sie in Ihrem Roman die Stadt Kigali beschrieben haben, konnte ich sie mir sehr gut vorstellen. Ich hatte das Gefühl, als würden Sie aus eigener Erfahrung berichten. Stimmt

das? Waren Sie selbst in Ruanda? Wie sahen Ihre Recherchen zum Buch aus? Haben Sie vor Ort vielleicht mit Betroffenen des Genozids gesprochen?

Ich bedanke mich im Voraus für die Beantwortung meiner Fragen.

Mit freundlichen Grüßen   (220 Wörter)

D   Nach dem Lesen: Textkenntnis vertiefen und überprüfen

Figurenkonstellation

116 a)   und b)

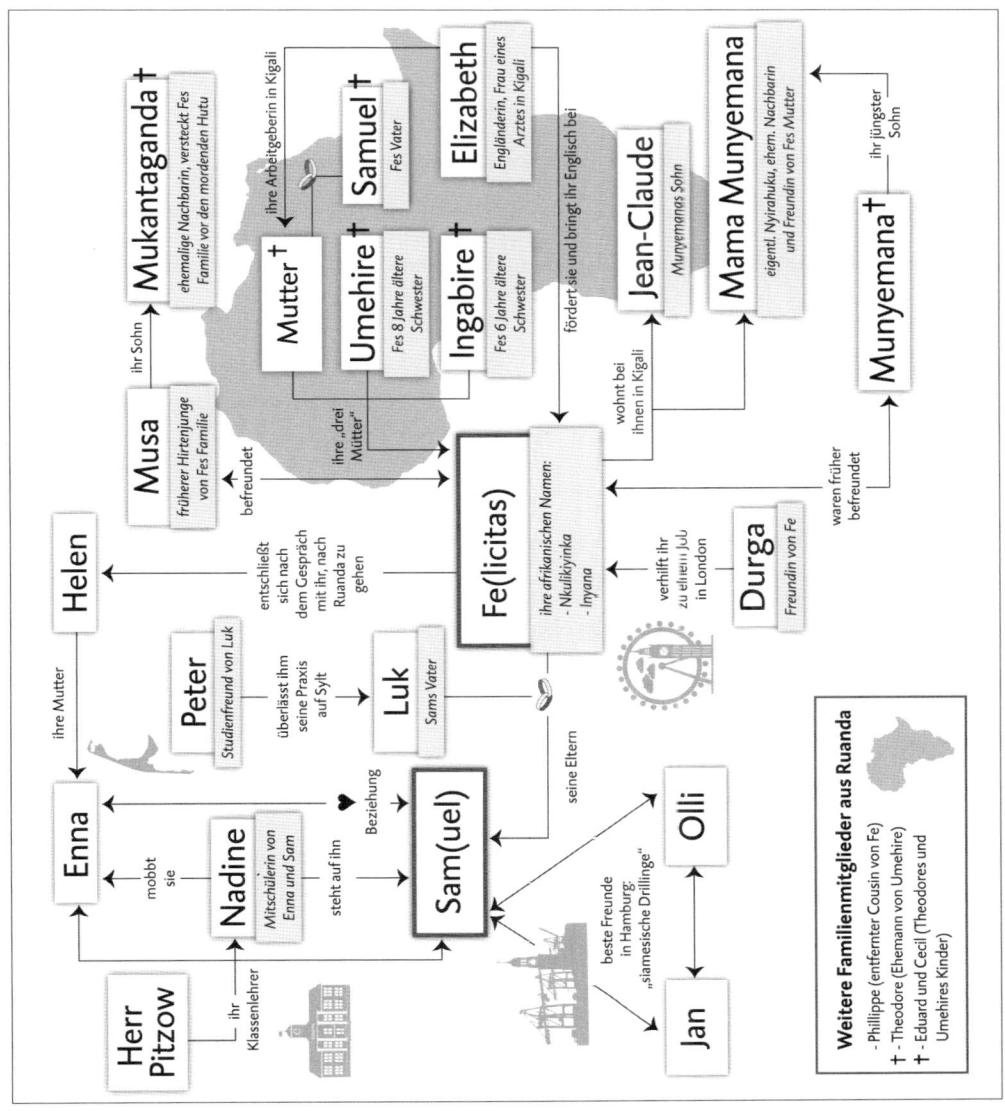

Selbsttest: Textkenntnis überprüfen

Figur	Aussage
Mama Munyemana	Sie ist die ehemalige Nachbarin und Freundin von Fes Mutter in Kigali und hat auf Fe aufgepasst, während Fes Mutter arbeiten ging. Keiner ihrer Söhne hat den Genozid überlebt.
Luk	Er ist ein über 50-jähriger Orthopäde, hat rostrote lockige Haare und ist 16 Jahre älter als seine Frau, die er während einer Konferenz in London kennengelernt hatte.
Jona	Er ist eine Art Findelkind vom Strand und erhielt seinen Namen, weil er laut Helen von einem Wal ausgespuckt wurde.
Musa	Seine Familie gehört zur Volksgruppe der Hutu. Er ist der Sohn von Mukantaganda, ein ehemaliger Hirtenjunge und jetzt Immobilienbesitzer. Er ist Sam und Luk ein Dorn im Auge.
Nkulikiyinka bzw. Felicitas	Sie ist die einzige Überlebende ihrer Kernfamilie. Ihr Vater starb bei einem Militärputsch, als sie drei Jahre alt war.
Sam	Er war Mitglied in einem Hamburger Schwimmverein und einer der „siamesischen Drillinge", wie er und seine beiden besten Freunde von seinem Vater genannt wurden.
Klaus	Er ist Sams langjähriger treuer Begleiter und war ein Geschenk seiner Mutter.
Nadine	Sie ist Klassensprecherin und in Sam verliebt. Sie lässt keine Möglichkeit aus, gemein zu Enna zu sein.
Helen	Sie und ihre Tochter haben in ihrem Bauernhaus keinen Internetanschluss, aber viele Ziegen.
Durga	Sie stammt aus Indien und studierte während Fes Au-pair-Zeit Touristik in London. Sie verhalf Fe nach deren Flucht aus Ruanda zu einem Job im Hotel.
Samuel (Fes Vater)	Er ist der Namensgeber für sein Enkelkind. Er war als Kind wild und oft unpünktlich in der Schule, was ihm oftmals Stockhiebe einbrachte.
Jean-Claude	Er ist Munyemanas Sohn und lebt bei seiner Großmutter. Fe hat ihm Englisch beigebracht.
Herr Pitzow	Er ist Klassen-, Deutsch- und Englischlehrer und legt es offenbar darauf an, Wissenslücken bei seinen Schülerinnen und Schülern aufzudecken.
Mukanta-ganda	Sie ist die ehemalige Nachbarin von Fes Familie in Fes Geburtsort. Ihr verdankt Fe ihr Leben, weil sie Fe, deren Mutter und Schwestern tagelang in ihrem Küchenhaus versteckt hatte, obwohl sie eine Hutu war.
Helen	Sie sorgt aufgrund ihres außergewöhnlichen Berufs und Lebensstils oft für Gesprächsstoff bei den Einheimischen und wird deswegen auch angefeindet und ausgegrenzt.
Kanama	Ihr Name bedeutet „August". Inyana meinte, dass sie die allerliebsten Augen der Welt hatte.
Munyemana	Er war der ehemalige Nachbarsjunge, lange Zeit Fes bester Freund und der erste Junge, in den Fe verliebt war. Er hat sich aber von ihr distanziert und eine andere geheiratet.
Peter	Er ist Luks großer, attraktiver und sportlich braun gebrannter Studienfreund. Er hat eine orthopädische Praxis und ein Ferienhaus auf Sylt.
Elizabeth	Sie war die weiße, englische Arbeitgeberin von Fes Mutter. Sie förderte und verwöhnte Fe, ließ sie Bücher lesen und brachte ihr Englisch bei.

118

4 Auf dem Schulweg wird sie von älteren Jungen belästigt, gibt sich jedoch selbst die Schuld. Mit dem Nachbarsjungen Munyemana ist sie lange befreundet. Er wendet sich aber nach dem Vorfall von ihr ab.

2 Als Nkulikiyinka ungefähr acht Jahre alt ist, hat ihre Mutter eine Stelle bei Bazungus, einem weißen Arzt und seiner Frau Elizabeth, die Freude daran hat, Nkulikiyinka zu unterrichten und zu fördern.

6 Zu Beginn des Völkermordes lebt Fe wieder in Kigali. Sie flieht aus der Stadt in den Süden, wo das Morden noch nicht begonnen hat, und bleibt ein paar Tage bei einer Freundin in Butare. Ein Freund ihrer Freundin bringt sie über die Grenze nach Burundi. Dort fliegt sie von Bujumbura nach Brüssel und weiter nach London.

5 Fe fühlt sich zu Munyemana hingezogen, will ihn für sich gewinnen. Er hat jedoch bereits eine Freundin. Nach ihrem Schulabschluss geht sie (deshalb) für ein Jahr als Au-pair nach London.

8 Sie lebt mit Mann und Sohn in Hamburg. Ihr gemeinsamer Sohn Sam kommt auf die Welt. Fe kann sich nicht verzeihen, dass sie ihre Familie im Stich gelassen hat. Ihre Schuldgefühle machen sie krank.

1 Nkulikiyinka kommt in einem kleinen Dorf in Ruanda zur Welt. Ihr Vater wird ermordet, als sie drei Jahre alt ist. Sie flieht mit ihrer Mutter und ihren Schwestern. Bei einer Nachbarin dürfen sich die vier verstecken, müssen aber um ihr Leben fürchten. Nach diesen Erlebnissen zieht die Familie in die Stadt um.

7 Mithilfe ihrer Freundin Durga fasst sie in London Fuß und arbeitet in einem Hotel, wo sie Luk kennenlernt. Zunächst versucht sie, ihre Heimat zu vergessen, dann erfährt sie von Munyemanas Mutter, dass niemand aus ihrer Familie überlebt hat.

3 Nkulikiyinka erhält den Namen Felicitas und wird sich langsam dessen bewusst, dass sie zur Volksgruppe der Tutsi gehört und dafür angefeindet wird. Mit zwölf Jahren geht sie auf ein privates Gymnasium.

F Aufgaben im Stil der Abschlussprüfung

Hauptschulabschlussprüfung

119 Sie bekam von ihrem Vater den Namen Nkuliki-yinka, was „die der Kuh hinterherläuft" bedeutet. Später nennt ihr Vater sie „Inyana", also „Kälbchen". Getauft wird sie schließlich auf den Namen Felicitas, was „Glück" bedeutet.

120 Sie lernen sich in der Schule kennen. Beide kommen am selben Tag neu in die elfte Klasse, sind gewissermaßen Exoten und sitzen nebeneinander.

121 *Mögliche Lösungen (nur drei erforderlich):*
- Als Sams Mutter drei Jahre alt ist, wird ihr Vater ermordet. Er wurde schwer verwundet, aber noch lebend in einen Fluss geworfen und musste jämmerlich ertrinken. Da der Fluss seinen Leichnam weggespült hat, kann die Familie ihn nicht einmal begraben und sich auch nicht von ihm verabschieden.
- Sie, ihre beiden Schwestern und ihre Mutter müssen sich während des Umsturzes, bei dem Fes Vater ermordet wird, verstecken und geräusch- und bewegungslos in einer dunklen Ecke und in ständiger Todesangst ausharren.
- Die Familie verliert all ihren Besitz und Fe zudem ihre geliebte Kuh Kanama. Ihr bleibt auch nicht der Anblick des abgeschlagenen und von Fliegen umschwärmten Kuhkopfes erspart.
- Sams Mutter wird als Gymnasiastin von älteren Jungen belästigt. Sie ist dadurch von Ekel und Scham erfüllt. Weil sie Schuldgefühle hat, dass sie es vermeintlich selbst herausgefordert hat, spricht sie mit niemandem darüber und muss allein damit klarkommen.

122 Sie erzählt von Munyemana, ihrem besten Freund aus Kindertagen, der wie ein Bruder für sie war. Mit ihm hatte sie viel Zeit verbracht und gespielt. Als sie auf das Gymnasium kam, verloren sie sich aus den Augen. Sie hatte den Eindruck, dass er ihr aus dem Weg ging, nachdem sie von älteren Jungen belästigt wurde. Ohne diesen Freund fühlte sie sich sehr einsam.

123 Sie möchte unbedingt auf eigenen Beinen stehen. Sie will als Lehrerin und Übersetzerin arbeiten, um von niemandem mehr unterstützt werden zu müssen.

124 *So könnte der Text für die Karte lauten:*
Mein lieber Sam,
vor dir liegt eine spannende Reise. Ich weiß, dass du nicht in irgendeinen Urlaub fährst. Du fliegst nach Ruanda, in das Heimatland deiner Mutter. Endlich wirst du sie dann auch wiedersehen und das Land deiner Familie kennenlernen. Ich freue mich für dich, vermisse dich aber jetzt schon so sehr. Leider kann ich in dieser Zeit nicht bei dir sein. Deshalb wünsche ich mir, dass du alles für mich aufschreibst, damit wir bei deiner Rückkehr etwas Besonderes teilen können. Ich würde mich riesig freuen, wenn du dieses Reisetagebuch für mich schreibst. Es umarmt dich deine Enna   *(98 Wörter)*

Werkrealschulabschlussprüfung

125
- Es gab einen Vorfall in einem Kaufhaus. Fe wurde danach von der Polizei nach Hause gebracht. Sie war stundenlang im Kaufhaus herumgeirrt und hatte sich ständig irgendwo verkrochen. Als der Kaufhausdetektiv sie aufhalten wollte, ist sie ausgerastet.
- Fe zieht sich schon tagsüber ins Bett zurück.
- Sie schreit nachts entsetzlich, weil sie sehr schlecht träumt.

126 Der Name seiner dritten Tochter bedeutet „die der Kuh hinterherläuft". Er hatte sich eigentlich nach zwei Töchtern einen Sohn gewünscht. Seine dritte Tochter sah angeblich ein bisschen wie ein Junge aus. Vielleicht wollte er mit der Namenswahl zum Ausdruck bringen, dass er sie eher als lästig oder als weniger wertvoll empfindet. Gegen seine Frau setzte er sich vielleicht durch, weil er ihr zum Vorwurf machen wollte, dass sie ihm keinen Sohn geboren hat.

127 Jean-Claude erklärt Sam, dass die Leute in Ruanda denken, die reichen, fremden Weißen würden die Fotos von ihnen verkaufen und damit viel Geld verdienen. Außerdem glauben viele, dass man mit dem Apparat ihre Seelen fangen will und haben deshalb Angst davor.

128 Sam ist irritiert, dass seine Mutter von den Kindern „Mama Jean-Claude" genannt wird, also als Mutter von Jean-Claude angesprochen wird. Fe erklärt ihm später, dass Jean-Claude nicht ihr Sohn ist. Für die Waisenkinder sei er aber irgendwie Verwandtschaft, weshalb sie sie so nennen.

129 Das ärmliche Leben bei Mama Munyemana hilft Fe ein bisschen, mit ihren Schuldgefühlen gegenüber ihrer Mutter und ihren Schwestern umzugehen. Dass Fe Mama Munyemana und Jean-Claude nun unterstützen kann, ist für sie auch Teil dieser heilsamen Buße. Sie möchte helfen, das Haus von Mama Munyemana modernisieren zu lassen. Dadurch bliebe Mama Munyemana eine staatliche Zwangsumsiedlung erspart und sie könnte dort wohnen bleiben, wo sie schon immer gelebt hat. Fe kümmert sich außerdem um Jean-Claude, den Sohn ihres ermordeten besten Freundes aus Kindertagen. Zudem arbeitet sie ehrenamtlich im Waisenhaus, unterrichtet dort Englisch und besorgt Lebensmittel für die Kinder dort.

130 *So könnte Fes Antwort weitergehen:*
FELICITAS: ... Aber ja, er ist etwas ganz Besonderes für mich, es ist ein Herzstein. So nennt man Steine, die von der Natur, vom Meer in diese Herzform gebracht wurden. Mein Sohn Sam hat ihn mir zum Abschied geschenkt. Er hat ihn in Deutschland bzw. auf Sylt am Strand gefunden. Wir haben ja in Deutschland direkt am Meer gewohnt. Das kannst du dir hier sicher gar nicht vorstellen. Er hat ihn an einer Stelle gefunden, an der ich auch schon glückliche Momente erlebt habe. Die Mutter seiner Freundin sagt über die Herzsteine, dass zu jedem Menschen ein bestimmter Stein gehört. Wenn man diesen Stein findet, fange etwas Neues an. Offenbar hat Sam diesen hier für uns beide gefunden. Er kennt jetzt endlich seine und meine Wurzeln. Er ist erwachsen geworden und wird seinen eigenen Weg gehen. Er beginnt ein eigenes Leben mit seiner Freundin Enna. Und ich beginne ein neues Leben, indem ich in mein altes Leben zurückkehre und hier bei euch bin.   *(161 Wörter)*

Realschulabschlussprüfung

131 *Mögliche Gründe (nur vier erforderlich):*
- In Ruanda kann Fe das tun, was für sie richtig und sinnvoll ist, nämlich die Waisenkinder zu unterrichten und zu unterstützen.
- Sie braucht noch mehr Zeit, um sich selbst zu finden.
- Sie fühlt sich schuldig und glaubt, dass sie etwas wiedergutmachen muss.
- Sie glaubt, dass sie sich nur in Ruanda von dem befreien kann, was zwischen ihr und dem Leben steht.
- Sie ist der Meinung, dass es etwas gibt, das sie irgendwann zu Ende bringen muss, aber erst, wenn es soweit ist.

132 Felicitas bedeutet „Glück" und Fe hat in ihrem Leben immer wieder Glück gehabt. Sie, ihre Mutter und Schwestern wurden von der Nachbarin (Mukantaganda) versteckt und somit gerettet. Die Arbeitgeberin ihrer Mutter (Elizabeth) hat sie gefördert und ihr den Zugang zu Bildung ermöglicht. Ihre Mutter und ihre Schwestern haben hart dafür gearbeitet, dass sie das Gymnasium besuchen und als Au-pair nach London gehen konnte. Durch einen glücklichen Zufall gelang es ihr, das ansonsten völlig abgeriegelte Kigali zu verlassen und somit ihr Leben zu retten. Eine Freundin (Durga) half ihr beim Neustart in London. Durch einen weiteren glücklichen Zufall lernte sie bei der Arbeit Luk kennen, der ihr ein weitgehend sorgenfreies Leben ermöglichte.

133 Das Wiedersehen verläuft wenig herzlich, eher kühl und distanziert und die Umarmung fällt weniger fest und innig aus, als Sam gedacht hätte. Fe sieht zudem verändert aus. Sie stellt auch gleich klar, dass sie nicht mit Mann und Sohn im Hotel übernachten wird. Sie betont, dass sie zum Geldwechseln besser mitgehen wird, dabei wäre das selbstverständlich gewesen. Sie drückt damit aus, dass sie nicht bei den beiden bleiben wird. Ein anderer Mann ist als Fahrer mit Fe zum Flughafen gekommen, weil ein Taxi angeblich zu teuer sei. Fe hat nicht einmal vor, mit Sam und seinem Vater im Hotel zu essen. Fe bringt es auch fertig, die beiden einfach nur am Hotel abzusetzen. Sam und sein Vater fühlen sich eher wie Gäste und nicht wie Familienmitglieder.

134 Enna bezeichnet sich und ihre Mutter als gutes Team. Sie haben ein inniges, vertrautes und partnerschaftliches Verhältnis. Ganz anders als Sam, der seine Mutter oft als unnahbar und distanziert erlebt. Er weiß lange nichts von der Vergangenheit seiner Mutter und kann daher lange nicht verstehen, warum sie nachts schreit, verwirrt, traurig und depressiv ist.
Enna erzählt Sam, dass Helen sie schon als kleines Kind ziemlich ernst genommen hat und ihr jede Menge Freiheit lässt. Helen mischt sich auch nie in Ennas Angelegenheiten ein. Bei Sam wirkt es hingegen eher so, als ob Sam auf seine Mutter aufpasst und nicht umgekehrt. Obwohl er sie natürlich liebt, besteht immer eine vorsichtige Distanz zwischen den beiden. Luk und Sam fassen sie nur mit Samthandschuhen an und richten ihr Leben nach Fes Bedürfnissen aus.
Enna scheint mit der Beziehung zu ihrer Mutter vollauf zufrieden zu sein, sie kritisiert lediglich, dass die beiden nie besonders lange an einem Ort bleiben und immer dann wieder aufbrechen, wenn es irgendwo Schwierigkeiten gibt. Sam scheint hingegen eher unter dem Verhältnis zu seiner Mutter zu leiden. Erst als er Fes Geschichte und ihre Lebenswirklichkeit in Ruanda kennenlernt, entsteht zwischen den beiden eine Art Nähe und Verbundenheit.

135 *So könnte Fes innerer Monolog lauten:*
Ein Herzstein … ein Herz aus Stein … Es macht mir das eigene Herz so schwer, Sam, dass ich dich allein gehen lassen muss … Es fällt mir aber ebenso ein Stein vom Herzen, dass ich mein Problem endlich in Angriff genommen habe. Es ist die richtige Entscheidung, zumindest für mich. „Wenn du deinen Herzstein hast, fängt etwas Neues an" … Helen, du weise Frau, du hast Recht. Wer hätte gedacht, dass es tatsächlich noch die Möglichkeit für einen Neuanfang gibt. Mein lieber Sam, danke für dieses wunderbare Geschenk, das du auch noch an diesem besonderen Ort gefunden hast. Dort habe ich mich an das Spiel mit den fünf Steinen erinnert. Der gute Munyemana hat es mir beigebracht. Wer gewann, durfte sich etwas wünschen. Was würde ich mir heute wünschen? Mein Wunsch ist eigentlich schon dabei, sich zu erfüllen … Mein starker Sam, jetzt kennst du meine und auch deine Wurzeln. Du bist bald erwachsen und wirst sowieso einen Neuanfang in ein eigenes Leben wagen müssen. Wie schön, dass du es mit einem Mädchen teilen kannst, das du wirklich liebst. Ich wünsche dir so sehr, dass du ohne Last durch dein Leben gehen kannst. Und mein Neuanfang? Ich hatte das Recht, aus Ruanda zu fliehen. Wie ich es jedoch tat, werde ich mir nicht verzeihen können. Und so bin ich an diese Orte zurückgekehrt und stelle mich der Schuld und den bösen Geistern dieser nicht verdrängbaren Vergangenheit. Ich habe nun die Möglichkeit zu einem Neuanfang und dazu, Buße zu tun, um mit mir selbst ins Reine zu kommen. Ich habe meinen Herzstein gefunden. *(263 Wörter)*

Teil II: Ein anderer Kontinent

Kapitel 1: S. 103–108

61 Ergänze die geforderten Angaben zum Kapitel.

Mögliche Überschrift: _____

_____

Handlungsort(e): _____

_____

Personen: _____

> ▬▬▬ **Achte auf ...** ▬▬▬
> - die Erwartungen von Sam und seinem Vater an das Wiedersehen mit Fe.
> - Fes Verhalten ihrem Mann und Sohn gegenüber.
> - Momente der Enttäuschung.
> - Informationen über Ruanda.
> - die unterschiedlichen Erzählperspektiven.

62 *„Kein Zeuge ist besser als die eigenen Augen. (Afrikanisches Sprichwort)"* (S. 101)

Der zweite Teil des Buchs spielt im afrikanischen Land Ruanda, auf einem anderen Kontinent. Ein Zitat leitet auch diesen Teil der Handlung ein.

Kreuze an, welche der folgenden Erklärungen deiner Meinung nach der Aussage des Zitats am nächsten kommt.

☐ Man kann im Grunde nur Sachen beurteilen, die man selbst erlebt oder gesehen hat.

☐ Man muss sich mit eigenen Augen von etwas überzeugen, damit man es glauben kann.

☐ Man sollte nichts glauben, was man nicht mit eigenen Augen gesehen hat.

☐ Es ist nicht möglich, sich eine Sache so gut beschreiben zu lassen, dass man sich nicht mehr selbst davon überzeugen muss.

63 *„Ein warmer Wind bläst ihnen einen süßen, schweren Duft entgegen und mit jedem Schritt, den sie über den Landeplatz in Richtung Ankunftshalle gehen, wächst in Sam die Spannung auf das Wiedersehen mit seiner Mutter."* (S. 103)

a Jede Art der Vorfreude ist mit bestimmten Vorstellungen von einem bevorstehenden Ereignis verbunden. Das Kapitel enthält Hinweise darauf, wie sich Sam (oder sein Vater) das Wiedersehen mit Fe vorstellt.

Schraffiere diejenigen Vorstellungen/Gedanken gelb, die deiner Meinung nach am besten zur Handlung des Kapitels passen.

Nach einem langen halben Jahr ohne Mum wird sie über das ganze Gesicht strahlen, wenn sie uns sieht.

Gleich sehen wir Mum, sicher wird sie aus der Masse herausstechen, so auffällig wie sie immer ist.

Sie wird uns wie verrückt zuwinken, sodass wir sie auf jeden Fall sofort sehen.

Wen sie wohl zuerst in die Arme schließen wird? Dad oder mich? Ich weiß schon gar nicht mehr, wie sie sich anfühlt.

Bestimmt freut sich Dad schon darauf, dass er und Mum wieder in einem Bett schlafen können. Er hat sie so unfassbar vermisst! Das konnte man ja kaum mehr mitansehen.

Es wird sich gut anfühlen, wenn wir später im Hotel wieder als Familie zusammen essen. Es gibt bestimmt viel zu erzählen.

b Welche der folgenden Enttäuschungen hält das Wiedersehen dann jedoch bereit? Kreuze alle zutreffenden Aussagen an.

☐ Das Wiedersehen verläuft wenig herzlich, eher kühl und distanziert.

☐ Fe sieht verändert aus.

☐ Fe hat einen neuen Mann dabei, Musa, den sie als ihren Partner vorstellt.

☐ Die Umarmung fällt weniger fest und innig aus, als Sam gedacht hätte.

☐ Fe stellt gleich klar, dass sie nicht mit Mann und Sohn im Hotel übernachten wird.

☐ Fe lächelt nicht einmal, als sie Sam sieht.

☐ Fe sagt, dass sie zum Geldwechseln besser mitgehen sollte. Dabei wäre das eigentlich selbstverständlich gewesen. Sie drückt damit aus, dass sie nicht bei den beiden bleiben wird.

☐ Ein anderer Mann ist als Fahrer mit Fe zum Flughafen gekommen, weil ein Taxi angeblich zu teuer sei.

☐ Fe beschwert sich, dass Sam und sein Vater jetzt ihren Tagesablauf durcheinanderbringen.

☐ Fe hat nicht einmal vor, mit Sam und seinem Vater im Hotel zu essen.

☐ Fe bringt es fertig, Mann und Sohn einfach nur vor dem Hotel abzusetzen.

☐ Sam und sein Vater fühlen sich eher wie Gäste und nicht wie Familienmitglieder.

64 Was fällt Sam bei der Fahrt zum Hotel auf? Nenne vier Beobachtungen, die er in Kigali macht (vgl. S. 107).

1 _____

_____

2 _____

_____

3 _____

_____

4 _____

_____

65 _„Das alles kann ja wohl nicht wahr sein, oder was meinst du? [...] Ich jedenfalls bin nicht dazu bereit."_ (S. 108)

Im Reisetagebuch, das Sam für Enna schreibt, schildert er die Ankunft in Ruanda aus der Ich-Perspektive. Sein Eintrag klingt wie ein Brief an sie. Welches Wort beschreibt deiner Meinung nach Sams Gefühlslage am besten? Kreise es ein.

Angst   Bedenken   Bedauern   Einsamkeit

                                                    Sorge

Freude   Eifersucht   Sehnsucht

Enttäuschung   Wut   Furcht   Resignation   Widerwille

Beklemmung   Hoffnung   Reue   Begeisterung

Schreibaufgabe

66 Auch Luk hat das Bedürfnis, sich seine Gefühle und Gedanken von der Seele zu schreiben. Er ärgert sich, dass er Sam nicht die Stütze sein konnte, die er gerne gewesen wäre.

Er setzt sich noch am Abend hin und bringt ein paar Zeilen an Sam zu Papier. Auf den Zettel, den er findet, passen kaum mehr als 80 Wörter.

Dir stehen wieder zwei Möglichkeiten unterschiedlichen Schwierigkeitsgrads zur Wahl.

a Lies im Lösungsheft Luks abgedruckte Notiz. Streiche im Text alle Wörter oder Sätze weg, auf die man verzichten könnte, ohne dass der Text den korrekten Satzbau und den Sinn verliert. Streiche ca. 10 Prozent der Wörter. Schreibe dann die Kurzfassung der Nachricht auf.

b Schreibe diese kurze Notiz an Sam (ca. 80 Wörter).

Kapitel 2: S. 109–117

67 Ergänze die geforderten Angaben zum Kapitel.

Mögliche Überschrift: _____

_____

Handlungsort(e): _____

_____

_____

Personen: _____

Achte auf ...

- Luks Bemühungen, sich höflich und angemessen zu verhalten.
- die Unterschiede zwischen dem neuen und dem alten Ruanda.
- Fes Wohnsituation.
- Fes Verhalten ihrem Sohn und Mann gegenüber.
- Sams Gefühle in der ungewohnten Situation.

---

68 Nimm dir 5 Minuten Zeit und schau dir auf **YouTube** das **Feature** (= anschaulicher Dokumentarbericht) zum Buch „Herzsteine" an, in dem die Autorin Hanna Jansen selbst über ihr Buch spricht.

_https://youtu.be/IfOxVn_M9xA_

a Nenne in maximal zwei Sätzen den Anlass, den Hanna Jansen für ihre Reise nach Kigali angibt.

b Wie nennt sie das Verfahren bzw. die Methode zur Bewältigung einer Krankheit oder starken psychischen Erschütterung (die im Unterbewusstsein noch lange wirksam ist)?

Folgende Buchstaben sind im gesuchten Begriff enthalten:

g • g • a • a • ä • e • i • m • r • T • w • u • b • t • n • l • u

c Erkläre in ein bis zwei Sätzen, was Hanna Jansens Reise mit dem Buch „Herzsteine" zu tun hat.

d Beschreibe in einem Satz, welche Frage Hanna Jansen bei der Arbeit an ihrem Buch zunächst beschäftigt hat.

e Im Feature wird eine Szene dieses Kapitels gelesen und in Bildern gezeigt. Auf welchen Seiten im Buch steht der vorgelesene Textauszug?

69 **a** Recherchiere, welche vier Sprachen in Ruanda als Amtssprachen gesprochen werden.

_____

b Nenne in einem Satz, welche Besonderheit es in Ruanda in Bezug auf die Muttersprache gibt.

_____

_____

_____

c   Erkläre in ein bis zwei Sätzen, warum es Sams Vater wichtig erscheint, zumindest ein paar
    Worte in der Landessprache sagen zu können.

    _____

    _____

    _____

70 a   Ergänze die fehlenden Begriffe im Lückentext.

    Sam und sein Vater haben Kigali erkundet. Sie lernen das moderne Kigali kennen – mit verspie-

    gelten _____ , Geschäfts- und _____ und Internet-

    cafés –, in dem sich viele Geschäftsmänner aus Asien und _____ aufhalten.

    Sie sehen aber auch das arme Ruanda: Mütter, die mit ihren _____ am

    Straßenrand sitzen und betteln, Kinder, die ungeachtet des Verkehrs auf der Straße mit

    _____ als Spielzeug spielen.

b   Entscheide dich jeweils für eine der beiden Textvarianten und streiche die falsche durch.

    Sam und sein Vater/Sam und Musa besuchen **das neue Zuhause/das neue Haus** ihrer
    Mutter. Sie lebt in einem **lehmfarbenen Wellblechhaus/wellblechgedeckten Lehmhaus**,
    ohne Toilette, Küche, Strom und **fließendes/warmes** Wasser. Täglich müssen sie Wasser zum
    Kochen und Waschen in **Kanistern/Eimern** zum Haus schleppen. Sam **hat/hat keine** Mühe,
    sich vorzustellen, dass seine Mutter jetzt so lebt und versteht **gut/nicht**, warum sie dies tut. Fe
    lebt bei einer Frau, die sie **Mama/Mama Munyemana** nennt und die Sam „Nyogoku"
    (Oma)/„Mama Nyogoku" nennen soll. Auch der Enkel der alten Frau wohnt in dem Haus. Er
    heißt Jean-Claude und ist zwei Jahre **jünger/älter** als Sam.

c   Erläutere, wer die alte Frau ist, bei der Fe wohnt. Welche Rückschlüsse sind anhand ihres
    Namens (wie Fe sie nennt) möglich? Was wissen wir als Leser*innen über sie?

    _____

    _____

    _____

    _____

d   Fasse in wenigen Sätzen zusammen, was Sam am Abend in das Tagebuch an Enna schreibt.

    _____

    _____

    _____

Schreibaufgabe

71   Auch Luk denkt am Abend des ereignisreichen Tages nochmals über das Erlebte nach. Er erinnert sich besonders an Momente, in denen er die Distanz zu Fe gespürt hat oder in denen er sich fremd gefühlt hat. Verfasse seinen inneren Monolog.

a   Suche zuerst im Kapitel nach Zitaten, die die Distanz oder das Fremdsein zum Ausdruck bringen. Kläre auch, welche Aussagekraft die Textstellen haben. Vervollständige dazu die Tabelle.

Situation	Zitat(e)	Bedeutung des Zitats
Im Bus	„[…] und dass sie sogar ab und zu einen Kommentar von sich gibt, den er und Dad natürlich nicht verstehen können." (S. 113)	Hier bemüht sich Fe nicht einmal, ihnen das Gesagte zu übersetzen.
	„Sie beide sind am Rand geblieben, nah der Tür. Diesen Raum lässt man ihnen, Abstand haltend, wie es scheint, und sie werden angestarrt, als gehörten sie nicht hierher." (S. 113)	
Beim Weg zu Fuß		Fe lässt auch hier ihren Mann hinter sich, nimmt ihn nicht an der Hand, geht nicht mit den beiden gemeinsam.
Vor den Hütten in der Nachbarschaft		Fe sagt den Kindern nicht, dass hier ihr Mann und ihr Sohn kommen.
In der Hütte	„Am Ende tauchte dann zu allem Überfluss wieder dieser Musa auf, von Mum gerufen […]." (S. 117)	
		Fe hat nicht durch Gesten oder Worte gezeigt, dass Luk ihr Mann ist, er ihr etwas bedeutet und ein Teil ihres Lebens ist.

Nachdem du die Tabelle vervollständigt hast, stehen dir zur weiteren Bearbeitung der Aufgabe zwei Möglichkeiten unterschiedlichen Schwierigkeitsgrads zur Wahl.

71

b Ergänze Luks Gedanken um mindestens 80 weitere Wörter. Nutze die Zitate und deren Deutungen für deinen Text.

> *Ich weiß nicht, was ich noch machen soll. Heute hat uns Fe zu ihrem Wohnort mitgenommen. Sie wollte unbedingt, dass wir mit dem völlig überfüllten Bus fahren. Hier bemühte sich Fe nicht einmal, uns etwas zu übersetzen. Wir saßen von den anderen entfernt. Fe hat sich nicht einmal zu uns gestellt. Sie hatte offenbar nicht das Bedürfnis, zu zeigen, dass wir beide zu ihr gehören. Auf dem Fußweg ließ sie uns auch hinter sich, nahm uns nicht an der Hand, ging nicht mit uns beiden gemeinsam. Als Bleichgesichter wurden wir von den Kindern begrüßt ...*

 c Formuliere Luks Gedanken in Form eines inneren Monologs (mindestens 200 Wörter).

   So könnte der innere Monolog beginnen:

> *Meine Hoffnung auf eine Annäherung erfüllt sich leider nicht. Eigentlich fühlt es sich eher so an, als ob die Distanz zwischen Fe und mir jeden Tag noch größer und sichtbarer wird. Sie hat uns heute mitgenommen in ihre Welt. Eine Welt, die sie offenbar eigentlich lieber für sich allein behalten will ...*

Kapitel 3: S. 118–127

72 Ergänze die geforderten Angaben zum Kapitel.

▬▬▬ Achte auf ... ▬▬▬
• das Verhalten von Jean-Claude.
• die Beschreibung des Waisenhauses.
• die Rolle, die Fe in diesem Waisenhaus spielt.
• Sams Reaktionen auf das, was er sieht und hört.

Mögliche Überschrift: _____

_____

Handlungsort(e): _____

_____

Personen: _____

_____

73 a Was weiß Sam mittlerweile über die „Kleiderordnung" in Ruanda? Vervollständige die Sätze.

Die meisten Männer tragen _____ oder _____ , deshalb

zieht Sam lieber eine _____ statt den auffälligen bunten _____

an. Ihm ist aufgefallen, dass die Säuberungstruppen in der Stadt _____ Kittel

tragen. Die _____ tragen babyrosa „Schlafanzüge".

b   Jean-Claude taucht eine halbe Stunde zu früh im Hotel auf, um Sam abzuholen, und möchte lieber vor dem Hotel warten, anstatt zu Sam ins Hotelzimmer zu kommen. Nenne drei Gründe, warum Sam mit Jean-Claude noch immer nicht warm geworden ist.

1   _____

     _____

     _____

     _____

2   _____

     _____

     _____

     _____

3   _____

     _____

     _____

     _____

74   Arbeite heraus, welche Informationen das Kapitel über das Waisenhaus enthält. Stichpunkte genügen. Lege dazu eine Tabelle nach folgendem Beispiel an.

Lage, Zustand, Beschreibung aller sichtbaren Dinge im Waisenhaus	Erwachsene Personen, die im Waisenhaus eine Rolle spielen, und deren Beschreibung	Fes Aufgabe bzw. Rolle im Waisenhaus	Situation der Kinder im Waisenhaus
…	…	…	…

75   Sam ist nach dem Besuch im Waisenhaus das erste Mal mit seiner Mutter allein. Sie sitzen in einem typisch afrikanischen Restaurant und er kann ihr endlich einige Fragen stellen, die ihn seit dem Besuch im Waisenhaus (bzw. seit er in Ruanda ist) beschäftigen.

Erarbeite mit einer Arbeitspartnerin oder einem Arbeitspartner den möglichen Ablauf dieses Gesprächs. Sams Schreiben an Enna (vgl. S. 124–127) gibt euch Hinweise auf das Gesagte. Geht folgendermaßen vor:

• Unterstreicht Fes Antworten auf Sams Fragen, von denen er Enna im Reisetagebuch berichtet.

• Teilt die beiden Rollen (Sam, seine Mutter) untereinander auf.

• Lest oder spielt das Gespräch zwischen Sam und seiner Mutter.

So könnte das Gespräch beginnen:

Super, dass ich dich endlich auch einmal für mich allein habe. Schön ist es hier. Das Braten auf der offenen Feuerstelle ist ziemlich eindrucksvoll. Und das Ziegenfleisch am Spieß ist unheimlich lecker.

Das freut mich. Sicher ist alles verrückt und neu für dich. Ich kann mir schon denken, dass das alles nicht leicht zu verarbeiten ist.

Schreibaufgabe

76 Luk wird Sam sicherlich nach seiner Rückkehr zu seinen Erlebnissen des Tages befragen. Da er selbst nicht dabei war, ist er bestimmt gespannt zu erfahren, wo Fe arbeitet und was Sam darüber herausgefunden hat.

Entscheide dich für eine der beiden Schreibaufgaben unterschiedlichen Schwierigkeitsgrads.

> **Tipp**
> Nutze die Vorarbeit aus Aufgabe 74. ■

a Verfasse Sams Antworten im Gespräch mit seinem Vater. Schreibe mindestens 80 Wörter.

> LUK: Das war bestimmt ein aufregender Tag. Magst du mir ein wenig davon erzählen? Kannst du mir zum Beispiel das Heim ein bisschen beschreiben, damit ich es mir vorstellen kann?
> SAM: Es liegt in einem Stadtviertel ähnlich wie Kimironko, wo es auch hauptsächlich Lehmhäuser gibt. ...
> LUK: Und Fe ist dort Englischlehrerin oder wie kann ich mir das vorstellen?
> SAM: ...
> LUK: Und wie war dein Eindruck von den Kindern?
> SAM: ...

b Verfasse ein Gespräch zwischen Sam und Luk, in dem das Waisenhaus, die Situation der Kinder, Fes Aufgabe dort, aber auch das Erlebnis während der Fahrt dorthin thematisiert wird. Achte auf einen Textumfang von mindestens 200 Wörtern.

So könnte das Gespräch beginnen:

> LUK: Na, mein Junge, bist du endlich wieder da. Alles gut bei dir? Siehst erschöpft aus. Ich bin schon ganz gespannt, was du zu berichten hast. Das war bestimmt ein aufregender Tag. Magst du mir ein wenig davon erzählen?
> SAM: Am liebsten würde ich mich sofort aufs Ohr legen, aber klar kann ich dir noch ein bisschen was erzählen.
> LUK: Hattest du dir das Waisenhaus so vorgestellt?
> SAM: Nein, absolut nicht. ...

Kapitel 4: S. 128–135

77 Ergänze die geforderten Angaben zum Kapitel.

Mögliche Überschrift: _____

_____

Handlungsort(e): _____

_____

Personen: _____

> **Achte auf ...**
> - Luks Drängen Fe gegenüber.
> - Fes Widerstand.
> - Luks „Flucht".
> - Sams Versuch, seiner Mutter möglichst nah zu sein.

78 Sam ist mit seinen Eltern in einem exklusiven Restaurant, das im krassen Gegensatz zu dem Leben steht, für das sich Fe hier in Ruanda entschieden hat.

a Kreuze an, woran Sam erkennt, dass *„seine Eltern sich beide redlich Mühe geben"* (S. 129).

LUK

☐ Er hat am Telefon alle Register gezogen, um seine Frau zu überreden, mit ins Restaurant zu kommen.

☐ Er hat einen Tisch in Fes Lieblingslokal gebucht.

☐ Er hat ein besonders schönes Lokal ausgesucht.

☐ Er hat einen Tisch auf der Terrasse direkt neben einem Teich mit Springbrunnen ausgewählt.

☐ Im Lokal gibt es typische Landesgerichte.

☐ Er äußert Verständnis dafür, dass sie im Haus von Mama Munyemana wohnen will.

FE

☐ Sie wirkt äußerlich fast wie früher.

☐ Sie hat sich zum Restaurantbesuch überreden lassen.

☐ Sie trägt ein elegantes Kleid aus Europa.

☐ Sie berührt hin und wieder zärtlich Luks Hand.

☐ Sie trägt eine Kette, die sie von ihrem Mann bekommen hat.

☐ Sie unterhält sich sehr angeregt mit ihrem Mann.

b Sams Eltern geben sich Mühe, sich zu unterhalten. Als Sam vom Buffet zurückkommt, bemerkt er, dass seine Eltern über die momentane Situation diskutieren. Belege anhand von passenden Zitaten, dass Luk Fes Verhalten nicht nachvollziehen kann, und was sie ihm jeweils erwidert.

LUKS UNVERSTÄNDNIS: „Du hättest dir doch wenigstens – eine Wohnung mieten können. Oder ein Apartment. – Ich verstehe einfach nicht, wie du so wohnen kannst, obwohl es doch – überhaupt nicht nötig ist!" (S. 129)

FES ERWIDERUNG: _____

_____

_____

_____

LUKS ARGUMENT: _____

_____

_____

_____

_____

FES ERWIDERUNG: _____

_____

_____

_____

LUKS ENTGEGNUNG: „Was willst du damit sagen? – Hältst du mich für so unsensibel, dass ich mich nicht in dich hineinversetzen kann?" (S. 130)

FES ANTWORT: „Ach, Luk, es geht doch nicht darum, ob du sensibel bist oder nicht! _____

_____

_____

_____

_____

79   a Beschreibe, welche Reaktion der Konflikt seiner Eltern bei Sam hervorruft.

b Gib wieder, was Sam schließlich Enna berichtet.

c Nenne das Ereignis, von dem er Enna **nicht** berichtet.

d Sam hat in seiner Auswahl an Wörtern in der Sprache Kinyarwanda eine „Botschaft" (S. 135) an Enna versteckt. Wie lautet sie?

80   Nimm Stellung zu Luks Vorwurf, Fe würde bei ihrem Verhalten nicht an ihren Sohn denken.

Schreibaufgabe

81   In einem kurzen Schreiben möchte Sam seiner Mutter mitteilen, dass er bereit wäre, während Luks Rundreise zu ihr zu kommen.

Entscheide dich für eine der beiden Schreibaufgaben unterschiedlichen Schwierigkeitsgrads.

a Sam schreibt seiner Mutter eine kurze Textnachricht auf ihr Handy. Dafür hat er aber nur ca. 80 Wörter zur Verfügung. Verfasse diese Nachricht.

  b Sam entscheidet sich, ihr einen kurzen Brief zu schreiben, den er Jean-Claude für sie mitgeben will. Verfasse diesen Brief/diese Mitteilung im Umfang von mindestens 150 Wörtern.

Kapitel 5: S. 136–145

82   Ergänze die geforderten Angaben zum Kapitel.

Mögliche Überschrift: _____

_____

Handlungsort(e): _____

_____

Personen: _____

> **Achte auf ...**
> - Sams Eifersucht.
> - Sams Verhältnis zu Jean-Claude.
> - Sams besonderes Einkaufserlebnis auf dem Kleidermarkt.
> - Sams Erlebnis beim Fotografieren auf dem Lebensmittelmarkt.

83   Sam gesteht sich ein, dass er trotz der immer besser werdenden Beziehung zu Jean-Claude eifersüchtig auf ihn ist. Nenne drei Gründe, die Sam für seine Eifersucht anführt.

84   Sam ist auf der Suche nach einer kurzen Hose und geht daher mit Jean-Claude auf dem größten Markt der Stadt einkaufen.

Füge jeweils die drei passenden Teile zu einem Satz und damit zu einer Antwort zusammen. Schraffiere dazu die zusammengehörigen Satzteile in der gleichen Farbe. Trage anschließend in den Kreis die jeweilige Nummer der Aufgabe ein, zu der der Antwortsatz gehört.

1   Erkläre, warum Sam und Jean-Claude besonders stark von Händlern umlagert werden.

2   Erkläre, warum Jean-Claude nicht gleich bei den ersten Ständen einkaufen möchte.

3   Erkläre, welche Rolle der Mann spielt, den sie für seine Dienste beim Einkaufen bezahlen.

4   Erkläre, welches Vorgehen offenbar bei jedem Einkauf auf dem Markt üblich ist.

5   Erkläre, warum sich Jean-Claude nach dem Hosenkauf gut fühlt, Sam aber schlecht.

○	Während Jean-Claude das Feilschen	der vom Käufer auf keinen Fall akzeptiert	und aufdringliche Verkäufer abwehrt.
○	Der Händler nennt zuerst einen Preis,	der sie zum Händler mit den preiswertesten Hosen bringt	ein begehrter, weil zahlungskräftiger Kunde.
○	Es handelt sich um einen Einkaufsführer,	wie Menschen mit heller Hautfarbe von den Einheimischen genannt werden,	kommt sich Sam wie ein Ausbeuter vor.
○	Für Touristen gelten	für eine gute Sache hält,	deshalb will er an Ständen für Einheimische einkaufen.
○	Sam ist als Bazungu,	andere Preise als für Einheimische,	und am Ende meist auf weniger als die Hälfte heruntergehandelt wird.

85 Im Lebensmittelteil des Marktes, auf dem Jean-Claude noch Reis und Zucker kaufen will, macht Sam Fotos vom beeindruckenden Markttreiben. Auf einmal wird ihm die Kamera entrissen und er wird von zwei Jungen verprügelt.

a Erläutere, warum Sam von den beiden verprügelt wird.

_____

_____

_____

_____

b Zeige auf, wie es gelingt, Sams Kamera wiederzubekommen.

_____

_____

_____

_____

_____

_____

c Beschreibe, wie Sam Enna erklärt, warum ihm die Lust am Fotografieren vergangen ist.

_____

_____

_____

_____

_____

_____

_____

_____

86 Sam macht sich Gedanken darüber, wer er eigentlich ist. In Deutschland fällt er wegen seiner dunkleren Hautfarbe auf, in Ruanda wegen seiner helleren.

a Sprich mit einer Arbeitspartnerin oder einem Arbeitspartner darüber, ob es eurer Meinung nach einen Unterschied macht, ob in Europa ein Schwarzer als „Neger" oder in Afrika ein Hellhäutiger als „Bazungu" bezeichnet wird? Begründet eure Meinung.

b Tauscht euch anschließend in der Klasse über eure Meinungen aus.

Schreibaufgabe

87 Schon seit einer Weile denkt Sam darüber nach, Jan und Olli eine Postkarte aus Ruanda zu schreiben. Das Foto-Erlebnis scheint ihm dramatisch genug zu sein, um davon zu berichten. Schreibe den Text der Postkarte an Olli und Jan, der um die 100 Wörter umfassen sollte.

Dir stehen wieder zwei Möglichkeiten unterschiedlichen Schwierigkeitsgrads zur Auswahl.

    a Orientiere dich bei der Formulierung der Postkarte an nachfolgenden Stichpunkten. Sie zeigen dir, wie du den Text formal und inhaltlich aufbauen kannst.

- Anrede
- Kurze Einleitung, z. B. dass er hier „der Weiße" ist
- Knappe Schilderung des Foto-Erlebnisses auf dem Markt
- Kurzer Schluss, z. B. eine Verabschiedung und Grußworte
- Name des Absenders (Sam)

    b Schreibe den Text für die Postkarte.

Kapitel 6: S. 146–153

88 Ergänze die geforderten Angaben zum Kapitel.

Mögliche Überschrift: _____

_____

Handlungsort(e): _____

Personen: _____

> **Achte auf …**
> - die Bedeutung der Erinnerungs- und Gedenkstätte Gisozi.
> - die Beschreibung der Massengräber.
> - die anderen erwähnten Völkermorde.
> - Sams Reaktion auf das, was er in Gisozi sieht.

89 **a** *„Geh du! [. . .] Sie sind vermutlich alle da. Vielleicht hilft es dir ja zu verstehen."* (S. 146)

      Beschreibe, **wer** hier **wem** diesen Vorschlag macht und **warum**.

    b Sam hat sich Massengräber anders vorgestellt. Beschreibe, wie die Gräber tatsächlich aussehen.

    c Erkläre in einem Satz, wofür laut Jean-Claude die riesige eiserne Klappe eines weiteren, offensichtlich neuen Grabs gedacht ist.

    d Nenne drei Informationen, die man über Jean-Claude und dessen Vater bekommt.

90

„Wie kann man so was aushalten?" (S. 148)

„Was glaubst du denn, was ich gesehen habe?" (S. 148)

 a Versuche einer Arbeitspartnerin oder einem Arbeitspartner zu erklären, warum Jean-Claude auf Sams Frage fast verächtlich antwortet.

 b Sprecht in eurer Klasse über eure Vermutungen.

 c Sprecht auch darüber, ob einige von euch schon einmal in einer ähnlichen Gedenkstätte waren, z. B. in einer Gedenkstätte für die Opfer des Holocausts, und wie es euch dabei ergangen ist.

91 Sam ist von dem, was er in Gisozi sieht, tief bewegt und er kann die Tränen kaum zurückhalten. Vor allem das Schicksal der getöteten Kinder nimmt ihn sehr mit. Enna erzählt bzw. schreibt er später, dass er begriffen hat, dass die Geschichte des Völkermordes auch ihn etwas angeht.

Versuche zu erklären, warum es Sams Mutter wohl wichtig war, dass er Gisozi besucht. Entscheide dich für zwei Aussagen, die deiner Meinung nach am besten passen. Hebe diese farbig hervor.

Fe ist sich bewusst, dass es für Sam nahezu unmöglich ist, nachzuvollziehen, was in ihr vorgeht. Dennoch möchte sie, dass er sie besser verstehen kann.

Fe hat das Gefühl, sich gemeinsam mit und für Sam ihren „Geistern" der Vergangenheit stellen zu müssen.

Die geschehenen Gräueltaten können nicht in Worte gefasst werden. Am ehesten kann vielleicht eine Gedenkstätte vermitteln, wie groß das Grauen war und ist.

Fe möchte, dass Sam bewusst wird, dass es auch seine Familie ist, die hier ausgelöscht wurde.

Fe hat mit Sam über die Ermordung ihrer Familie noch nie gesprochen. Sie möchte, dass dieser Besuch ihn trotzdem umfassend informiert.

Schreibaufgabe

92 *„Ein Weißer, der eine Mütze voller Tränen weint, während Jean-Claude die ganze Zeit fast gefühllos wirkt …"* (S. 151)

Die Eindrücke des Besuchs in Gisozi lassen Sam einfach nicht los. Daher will er Enna auch noch von dieser merkwürdigen Beobachtung berichten. Er beschließt, seinen Eintrag in das Tagebuch an Enna zu ergänzen. Sam sucht auch nach einer möglichen Erklärung dafür, dass Jean-Claude als betroffene Person offenbar unberührt geblieben ist, der Besucher aber in Tränen ausgebrochen ist.

Dir stehen wieder zwei Möglichkeiten unterschiedlichen Schwierigkeitsgrads zur Auswahl.

a Schreibe diesen Tagebucheintrag im Umfang von mindestens 100 Wörtern. Suche dir dafür jeweils eine der Erklärungsmöglichkeiten aus, die im Lösungsheft abgedruckt sind.

 b Schreibe diesen Tagebucheintrag im Umfang von mindestens 200 Wörtern.

Kapitel 7: S. 154–164

93 Ergänze die geforderten Angaben zum Kapitel.

Mögliche Überschrift: _____

_____

Handlungsort(e): _____

_____

Personen: _____

94 **a** Sam beobachtet am Pool, wie eine Frau einem Mann Schwimmunterricht erteilt. Er selbst liebt das Wasser und genießt seine frühmorgendlichen Schwimmeinheiten im Pool. Auf welche Idee bringt ihn das Gesehene?

_____

_____

_____

_____

b Was beichtet Fe ihrem Sohn und zerstört so seine Hoffnung auf eine gemeinsame Rückkehr nach Deutschland?

_____

_____

_____

c Wie begründet Fe ihren Entschluss? Nenne die fünf Gründe, die Fe Sam gegenüber aufführt.

1 _____

_____

2 _____

_____

3 _____

_____

4 _____

_____

5 _____

_____

95 Fe ist sich dessen bewusst, dass sie mit ihrem Entschluss ihren Mann und ihren Sohn verletzt. Trotzdem steht ihre Entscheidung für sie fest. Was würde dafür sprechen, dass Fe mit zurück nach Deutschland kommt, und was spricht dagegen? Klärt diese Frage.

Geht dabei folgendermaßen vor:

- Teilt die **Klasse in zwei Gruppen** auf.

- Die Mitglieder der einen Gruppe suchen zunächst in Einzelarbeit nach Gründen, die **für** Fes Rückkehr nach Deutschland sprechen. Die Mitglieder der anderen Gruppe nach solchen, die **gegen** ihre Rückkehr nach Deutschland bzw. für ihren Verbleib in Ruanda sprechen.

- Im Anschluss tauschen sich die Mitglieder der beiden Gruppen **innerhalb ihrer Gruppe** über die gefundenen Punkte aus und ergänzen ihre Auflistung gegebenenfalls.

- Tragt danach **in der Klasse** die Punkte **für beide Positionen** vor.

- Erörtert abschließend in der Klasse, welche **Entscheidung** für euch am meisten Sinn ergäbe.

96 Fe bleibt unerwartet über Nacht bei Sam im Hotel und beginnt, von Nkulikiyinka und Inyana, also sich selbst zu erzählen.

Skizziere gemeinsam mit einer Gesprächspartnerin oder einem Gesprächspartner das, was Fe Sam in dieser Nacht alles erzählt. Ergänzt euch gegenseitig bei der Rekonstruktion von Fes Lebensgeschichte.

> **Tipp**
> Die Kurzüberblicke zu Beginn der einzelnen Kapitel im Arbeitsheft („Fes Geschichte") können euch bei dieser Aufgabe eine Hilfe sein. ∎

Schreibaufgabe

97 Am nächsten Tag schreibt Sam Enna, dass die Ehe seiner Eltern vorbei ist und er sich am Morgen danach von Fe alleingelassen gefühlt hat. Fe hat kein Wort mehr darüber verloren, was sie in der Nacht erzählt hat, und ihn mit vielen Fragen im Hotel zurückgelassen.

Obwohl ihm wahrscheinlich danach zumute wäre, kann Sam seine Mutter nicht einfach anschreien und seine Trauer und Wut an ihr auslassen (vgl. S. 163/164). Zu viele Verletzungen hat sie schon erfahren, zu schnell ist die hart erarbeitete Nähe wieder aufs Spiel gesetzt.

a Was würdest du an Sams Stelle herausschreien wollen? Formuliere fünf nachvollziehbare Vorwürfe und/oder Gefühlsäußerungen. Schreibe mindestens 80 Wörter.

b Suche dir nun eine Arbeitspartnerin oder einen Arbeitspartner und einen passenden (lärmunempfindlichen) Ort. Schreit oder sprecht die Äußerungen anschließend im Wechsel.

c Sam hat im Hotel keine Möglichkeit, diese Vorwürfe oder Gefühlsäußerungen tatsächlich herauszuschreien, und schreibt sich seinen Ärger daher in einem Tagebucheintrag von der Seele. Er verfasst dazu eine Art Brief, der an seine Mutter gerichtet ist. Verwende die Gefühlsäußerungen und Vorwürfe, um Sams Tagebucheintrag zu formulieren. Schreibe mindestens 150 Wörter.

Kapitel 8: S. 165–179

98 Ergänze die geforderten Angaben zum Kapitel.

a Sams Geschichte

Mögliche Überschrift: _____

_____

Handlungsort(e): _____

_____

Personen: _____

> **▌▌▌▌▌ Achte auf ... ▌▌▌▌▌**
> - die Verbindung, die zwischen Musa und Fe besteht.
> - die Begrüßung, die in Fes Geburtsort auf Sam, Fe und Musa wartet.
> - Sams Geschenk.
> - die Erinnerungen an die Vergangenheit.

b Fes Geschichte

Mögliche Überschrift: _____

Handlungsort(e): _____

Personen: _____

99 „Mum ... du und Musa ... kennt ihr euch schon, seit ihr Kinder ward?" (S. 167)

Diese Frage stellt Sam seiner Mutter, als er mit ihr und Musa in das Dorf fährt, in dem sie aufgewachsen ist.

a Unterstreiche alle Informationen im Text, die Fe ihrem Sohn darüber gibt, in welcher Beziehung sie und Musa zueinanderstehen.

b Rekonstruiere die gesammelten Informationen anhand der folgenden Stichworte.

> älter • Hirtenjunge • wie Ingabire • Nachbarn • zu den „anderen" • versteckt •
> Rettung • Stadt • Nachbar • verwandt

c Besprich deine Ergebnisse mit einer Gesprächspartnerin oder einem Gesprächspartner. Ergänzt bzw. helft euch gegenseitig.

100 Fe war seit der Flucht ihrer Familie nie wieder in ihrem Geburtsort. Zusammen mit Sam traut sie sich dorthin.

a Suche im Buch die kurze Gesprächsszene, in der dies zum Ausdruck kommt. Unterstreiche Fes Redeanteil rot und den von Sam grün.

b Sprich den Text gemeinsam mit einer Arbeitspartnerin oder einem Arbeitspartner.

01 Sam und seine Mutter werden von Fes Cousin und dem halben Dorf begrüßt und als Ehrengäste zum Essen eingeladen. Musas Schwester hat ihr Haus für diesen festlichen Anlass herausgeputzt.

a Welche der folgenden Beschreibungen dessen, was Sam wahrnimmt, stimmen **nicht**. Streiche alle falschen Informationen durch.

brauner Boden	Bild aus Schilf/Bast	Bild des Präsidenten	blitzsauber
Palmblätter als Schutz über den Speisen	weißes Tischtuch mit blauen Stickereien		Teller mit Blumenmuster am Rand
türkisfarbene Wände	himmelblaue Türen		dunkelbraune Fenster
Sofa, Tisch, Stühle	hell gestrichene Holzbank	Plastikblumenstrauß	Festmahl

b Was könnte auf dieser Zeichnung abgebildet sein? Welchen Zusammenhang kannst du zum Text auf Seite 170 herstellen?

_____

_____

_____

_____

_____

_____

_____

02 a „*C'est Phillippe, ton oncle! [...] Il a apporté un cadeau pour toi!*" (S. 171)

Erkläre in einem Satz, worauf Musa hinweist, als er Sam dies ins Ohr raunt.

_____

_____

b Phillippe hält eine Rede, deren Wortlaut teilweise nur indirekt wiedergegeben ist (vgl. S. 172).
   • Überlege dir, wie die Ansprache wörtlich lauten würde und bereite sie zum Vortragen vor.
   • Trage die Ansprache so würdevoll vor, wie Phillippe es vermutlich auch getan hat.

03 „*Sam atmet durch und nimmt die Landschaft in sich auf.*" (S. 173)

a Nach dem Essen gehen Sam und Fe im Dorf spazieren. Unterstreiche im Text, was man über die Umgebung bzw. Landschaft erfährt.

b Fe erzählt Sam von ihrem Vater Samuel. Welche Information berührt Sam vermutlich am meisten? Zitiere die entsprechende Textstelle und begründe deine Auswahl.

_____

_____

_____

104 Fe erzählt Sam von ihrer Ankunft in London, davon, wo sie unterkam und dass sie mithilfe ihrer Freundin Durga einen Job in einem Hotel fand. Während in Ruanda der Völkermord tobte, baute sie sich ein Leben in Europa auf und wollte ihre Heimat vergessen und das Erlebte verdrängen.

Vervollständige die Zusammenfassung von Fes Bericht, indem du die fehlenden Verben ergänzt. Setze die Verben in der korrekten grammatikalischen Form in den Lückentext ein.

> hören • erreichen • anrufen • sein • umgehen • versuchen • helfen • befürchten • lassen • verzeihen können • sein • überleben • erfahren • sein • tun • meiden • unterstützen können

Sie _____ die Medienberichte und _____ erst wieder in

Kigali _____, als sie _____, dass das Massaker vorbei

_____. Sie _____ jedoch keinen aus ihrer Familie.

Schließlich _____ sie von Mama Munyemana, was sie schon _____

_____: Keiner aus ihrer Familie _____. Fe _____

sich nicht _____, dass sie ihre Familie egoistisch im Stich

_____ und auch, wie undankbar sie gegenüber ihrer Mutter und ihren

Schwestern _____, die alles für sie _____. Das Leben bei

Mama Munyemana _____ ihr nun ein bisschen, damit _____

_____. Dass Fe Mama Munyemana und Jean-Claude nun _____

_____, _____ für sie eine Art heilsame Buße.

105 Als Sam Enna später von dem Tag in Fes Heimatdorf berichtet, ist er albern und will diese Fröhlichkeit des Tages mit ihr teilen und präsentiert sich ihr als stolzer Besitzer einer Kuh. Er erzählt aber auch, dass es an dem Tag Momente zum Weinen gab, von denen er ihr jedoch erst später berichten will, wenn sie sich wiedersehen. Welche bedeutsamen traurigen Ereignisse und Erlebnisse finden sich denn **nicht** in diesem Eintrag im Reisetagebuch für Enna?

_____

_____

106 Die Seiten 176 und 177 enthalten viele sehr emotionale Textpassagen, Sätze und Formulierungen. Unterstreiche die Textteile, die dich besonders berührt haben (mindestens 3).

Schreibaufgabe

107

Fes Geschichte fängt in ihrem Geburtsort an. Auch hier spielt eine Kuh in mehrfacher Weise eine Rolle. Als Sam eine Kuh geschenkt wird und er sie auf der Weide besucht, kommen Fe sicherlich auch die Bilder ihrer eigenen „Kuh-Geschichte" in den Sinn.

Welche Gedanken gehen Fe vermutlich durch den Kopf, als sie auf der Weide steht und das Kälbchen an ihrer Hand saugt (vgl. S. 175)?

Dir stehen wieder zwei Möglichkeiten unterschiedlichen Schwierigkeitsgrads zur Wahl.

    a   Formuliere drei Gedanken, die Fe durch den Kopf gehen könnten. Schreibe mindestens 80 Wörter. Die im Lösungsheft abgedruckten Stichpunkte helfen dir dabei.

    b   Schreibe Fes inneren Monolog (mindestens 200 Wörter).

Kapitel 9: S. 180–184

108

Ergänze die geforderten Angaben zum Kapitel.

Mögliche Überschrift: _____

_____

Achte auf ...
• Luks Erlebnisse auf der Rundreise.
• die Hoffnung, die in der Luft liegt.
• Fes Bitte an Luk und seine Reaktion darauf.

Handlungsort(e): _____

Personen: _____

109

Sams Vater Luk ist von seiner Ruanda-Rundreise zurückgekommen. Die Familie sitzt gemeinsam mit Jean-Claude in einem Restaurant bei einer Art Abschiedsessen. Obwohl klar ist, dass Fe in Ruanda bleiben wird, liegt eine gewisse Hoffnung in der Luft.

    a   Durch welche Äußerung wird für Sam zumindest im Ansatz die Hoffnung geweckt, dass die Geschichte ihrer gemeinsamen Familie noch nicht zu Ende ist? Markiere die Stelle im Text.

    b   Nenne das Personalpronomen, das Sam dabei tief durchatmen und hoffen lässt.

_____

110

Fe möchte unbedingt auf eigenen Beinen stehen, als Lehrerin und Übersetzerin arbeiten und damit ihr eigenes Geld verdienen, um von niemandem mehr unterstützt werden zu müssen. Dennoch bittet sie Luk darum, ihr Geld zur Verfügung zu stellen.

    a   Erkläre, wofür Fe von Luk Geld erbittet.

    b   Beschreibe, wie Luk auf diese Bitte reagiert.

    c   Sam erzählt Enna, dass Luk zurück nach Hamburg gehen will. Er kann sich jedoch keinen Männerhaushalt mit seinem Vater vorstellen. Nenne den Plan, den er umsetzen möchte, falls Enna damit einverstanden ist.

Schreibaufgabe

111 Natürlich hat auch Enna sehr viel an Sam gedacht und ihn vermisst. Was er alles durchgemacht, erlebt und gefühlt hat, weiß sie aber (noch) nicht. Durch das Schreiben des Reisetagebuchs hat Sam vielleicht das Gefühl, dass er Enna immer sehr nah war. Bei ihr ging jedoch der Alltag weiter und nun weiß sie nicht, was sie bei Sams Rückkehr erwartet.

Dir stehen wieder zwei Schreibaufgaben unterschiedlichen Schwierigkeitsgrads zur Wahl.

a Formuliere drei Gedanken, in denen Enna ihre Sehnsucht, ihre Vorfreude, aber auch ihre Ängste und das Gefühl der Ungewissheit zum Ausdruck bringt. Schreibe mindestens 80 Wörter.

b Verfasse einen Tagebucheintrag, in dem Enna ihre Sehnsucht, ihre Vorfreude, aber auch ihre Ängste und das Gefühl der Ungewissheit zum Ausdruck bringt (mind. 150 Wörter).

Departure (S. 185–190)

112 Ergänze die geforderten Angaben zum Kapitel.

Mögliche Überschrift: _____

_____

Handlungsort(e): _____

Personen: _____

> **Achte auf ...**
> - Sams Anruf bei Enna.
> - Sams Entschluss und Luks Reaktion.
> - Sams Abschied von seiner Mutter.

113 Das Kapitel Departure (= Abflug, Abreise, Aufbruch) besteht nur aus Gesprächen.

a Wer spricht wo, wie, mit wem über was? Erfasse die Informationen in einer Tabelle. Stichpunkte genügen.

So kann deine Tabelle aussehen:

Gespräch zwischen ...	Wo?	Wie?	Worüber?
...	...	...	...

b Sprecht bzw. spielt die Gespräche in verteilten Rollen. Geht dabei folgendermaßen vor:
- Teilt die Klasse in Zweierteams auf.
- Verteilt die vier Gesprächssituationen gleichmäßig auf die Teams.
- Bereitet im Team jeweils euren Sprechtext vor, indem ihr die entsprechenden Redeanteile in unterschiedlichen Farben unterstreicht.
- Lest das Gespräch mehrmals zu zweit, bis ihr es möglichst frei vorsprechen könnt.
- Tragt die Gespräche nun in der Klasse vor, ohne den Text zu Hilfe zu nehmen.
- Gebt euch in der Klasse Feedback, ob die Gespräche natürlich geklungen haben und inhaltlich vollständig waren.

Nachwort (S. 193–195)

14 Ergänze die geforderten Angaben zum Kapitel.

Mögliche Überschrift: _____

_____

Handlungsort(e): *Hanna Jansen privat* _____

Personen: *Hanna Jansen* _____

> ▬▬▬▬▬ **Achte auf ...** ▬▬▬▬▬
> - Hanna Jansens persönlichen Bezug zum Thema.
> - ihr bekanntestes Werk.
> - die Begegnung, die Hanna Jansen zum Schreiben von „Herzsteine" veranlasst hat.
> - den neuen Blickwinkel, aus dem sie die Auswirkungen eines Traumas betrachtet.

Schreibaufgabe

15 Im Nachwort gibt die Autorin Hanna Jansen darüber Auskunft, welche persönliche Verbindung sie zum Thema ihres Romans und zu Ruanda hat. Sie beschreibt zudem, wie sie darauf kam, diesen Roman zu schreiben. Dir stehen wieder zwei Schreibaufgaben unterschiedlichen Schwierigkeitsgrads zur Auswahl.

a Nutze die Informationen aus dem Nachwort, um ein **Interview** mit Hanna Jansen zu erstellen.

Gehe folgendermaßen vor:

- Stell dir vor, das Nachwort wäre ein Interview mit Hanna Jansen, bei dem die Fragen und Aussagen der Interviewerin oder des Interviewers nicht wiedergegeben wurden.

- Markiere nun die vier Stellen im Nachwort, an denen man Aussagen und Fragen der Interviewerin oder des Interviewers ergänzen könnte.

- Formuliere anschließend zu jedem inhaltlichen Abschnitt die jeweils passenden Aussagen und Fragen der Interviewerin oder des Interviewers, sodass sich ein vollständiges Interview ergibt.

- Schreibe die Fragen und Aussagen jeweils am Anfang des entsprechenden Abschnitts neben den Text.

- Lies dir deine Fragen und die zugeordneten „Antworten" nochmals durch und überprüfe, ob die Fragen tatsächlich zu den Antworten passen.

- Lies den so entstandenen Teil eines möglichen Interviews mit einer Arbeitspartnerin oder einem Arbeitspartner in verteilten Rollen.

 b Stell dir vor, das Nachwort wäre das Antwortschreiben auf einen Brief, den du an Hanna Jansen geschrieben hast. Sie beantwortet darin viele Fragen rund um ihren Roman.

Schreibe den Brief im Umfang von mindestens 150 Wörtern.

D   Nach dem Lesen: Textkenntnis vertiefen und überprüfen

Figurenkonstellation

116 Die Abbildung zeigt dir noch einmal auf einen Blick, welche Figuren im Roman „Herzsteine" eine Rolle spielen und in welcher Beziehung sie zueinander stehen.

TEST

a Sieh dir aufmerksam an, welche Informationen vorgegeben sind, und trage dann die Namen der Figuren in die passenden Kästchen ein.

b Kennzeichne dann diejenigen Figuren mit einem kleinen Kreuz, die nicht mehr am Leben sind.

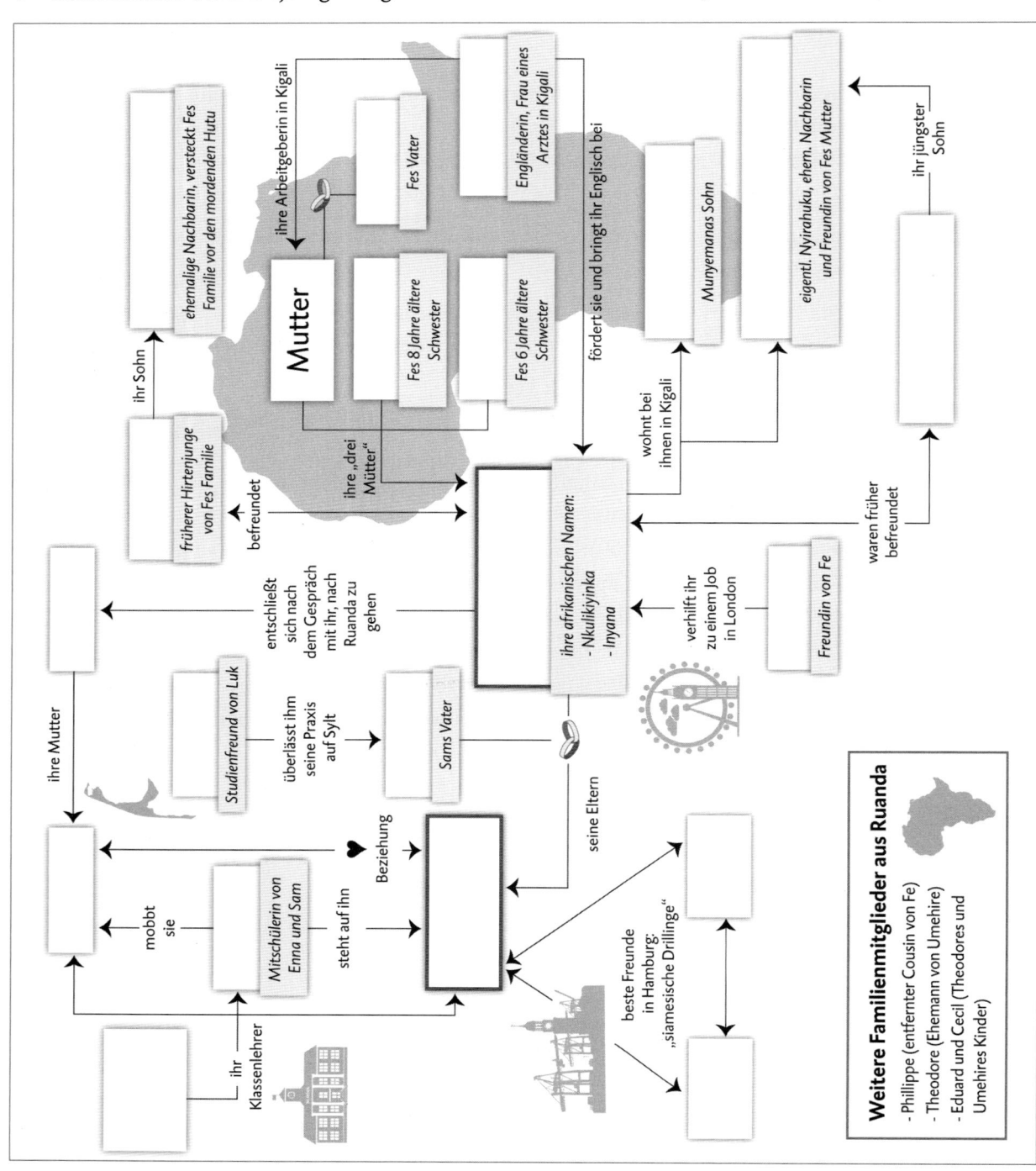

Selbsttest: Textkenntnis überprüfen

17 Trage ein, auf welche Figur des Romans die jeweilige Aussage zutrifft.

Figur	Aussage
	Sie ist die ehemalige Nachbarin und Freundin von Fes Mutter in Kigali und hat auf Fe aufgepasst, während Fes Mutter arbeiten ging. Keiner ihrer Söhne hat den Genozid überlebt.
	Er ist ein über 50-jährige Orthopäde, hat rostrote lockige Haare und ist sechzehn Jahre älter als seine Frau, die er während einer Konferenz in London kennengelernt hatte.
	Er ist eine Art Findelkind vom Strand und erhielt seinen Namen, weil er laut Helen von einem Wal ausgespuckt wurde.
	Seine Familie gehört zur Volksgruppe der Hutu. Er ist der Sohn von Mukantaganda, ein ehemaliger Hirtenjunge und jetzt Immobilienbesitzer. Er ist Sam und Luk ein Dorn im Auge.
	Sie ist die einzige überlebende ihrer Kernfamilie. Ihr Vater starb bei einem Militärputsch, als sie drei Jahre alt war.
	Er war Mitglied in einem Hamburger Schwimmverein und einer der „siamesischen Drillinge", wie er und seine beiden besten Freunde von seinem Vater genannt wurden.
	Er ist Sams langjähriger treuer Begleiter und war ein Geschenk seiner Mutter.
	Sie ist Klassensprecherin und in Sam verliebt. Sie lässt keine Möglichkeit aus, gemein zu Enna zu sein.
	Sie und ihre Tochter haben in ihrem Bauernhaus keinen Internetanschluss, aber viele Ziegen.
	Sie stammt aus Indien und studierte während Fes Au-pair-Zeit Touristik in London. Sie verhalf Fe nach deren Flucht aus Ruanda zu einem Job im Hotel.
	Er ist der Namensgeber für sein Enkelkind. Er war als Kind wild und oft unpünktlich in der Schule, was ihm oftmals Stockhiebe einbrachte.
	Er ist Munyemanas Sohn und lebt bei seiner Großmutter. Fe hat ihm Englisch beigebracht.
	Er ist Klassen-, Deutsch- und Englischlehrer und legt es offenbar darauf an, Wissenslücken bei seinen Schülerinnen und Schülern aufzudecken.
	Sie ist die ehemalige Nachbarin von Fes Familie in Fes Geburtsort. Ihr verdankt Fe ihr Leben, weil sie Fe, deren Mutter und Schwestern tagelang in ihrem Küchenhaus versteckt hatte, obwohl sie eine Hutu war.
	Sie sorgt aufgrund ihres außergewöhnlichen Berufs und Lebensstils oft für Gesprächsstoff bei den Einheimischen und wird deswegen auch angefeindet und ausgegrenzt.
	Ihr Name bedeutet „August". Für Inyara hatte sie die allerliebsten Augen der Welt.
	Er ist der ehemalige Nachbarsjunge und war lange Zeit Fes bester Freund. Er war der erste Junge, in den Fe verliebt war. Er hat sich aber von ihr distanziert und eine andere geheiratet.
	Er ist Luks großer, attraktiver und sportlich braungebrannter Studienfreund. Er hat eine orthopädische Praxis und ein Ferienhaus auf Sylt.
	Sie war die weiße, englische Arbeitgeberin von Fes Mutter. Sie förderte und verwöhnte Fe, ließ sie Bücher lesen und brachte ihr Englisch bei.

118 Wie ist Fes Leben verlaufen, bevor die Handlung des Buchs einsetzt? Bringe die Ereignisse in die richtige zeitliche Reihenfolge, indem du sie entsprechend nummerierst.

	Auf dem Schulweg wird sie von älteren Jungen belästigt, gibt sich jedoch selbst die Schuld. Mit dem Nachbarsjungen Munyemana ist sie lange befreundet. Er wendet sich aber nach dem Vorfall von ihr ab.
	Als Nkulikiyinka ungefähr acht Jahre alt ist, hat ihre Mutter eine Stelle bei Bazungus, einem weißen Arzt und seiner Frau Elizabeth, die Freude daran hat, Nkulikiyinka zu unterrichten und zu fördern.
	Zu Beginn des Völkermordes lebt Fe wieder in Kigali. Sie flieht aus der Stadt in den Süden, wo das Morden noch nicht begonnen hat, und bleibt ein paar Tage bei einer Freundin in Butare. Ein Freund ihrer Freundin bringt sie über die Grenze nach Burundi. Dort fliegt sie von Bujumbara nach Brüssel und weiter nach London.
	Fe fühlt sich zu Munyemana hingezogen, will ihn für sich gewinnen, er hat jedoch bereits eine Freundin. Nach ihrem Schulabschluss geht sie (deshalb) für ein Jahr als Au-pair nach London.
	Ihr gemeinsamer Sohn Sam kommt auf die Welt. Sie lebt mit Mann und Sohn in Hamburg. Fe kann sich nicht verzeihen, dass sie ihre Familie im Stich gelassen hat. Ihre Schuldgefühle machen sie krank.
	Nkulikiyinka kommt in einem kleinen Dorf in Ruanda zur Welt. Ihr Vater wird ermordet, als sie drei Jahre alt ist. Sie flieht mit ihrer Mutter und ihren Schwestern. Bei einer Nachbarin dürfen sich die vier verstecken, müssen aber um ihr Leben fürchten. Nach diesen Erlebnissen zieht die Familie in die Stadt um.
	Mithilfe ihrer Freundin Durga fasst sie in London Fuß und arbeitet in einem Hotel, wo sie Luk kennenlernt. Zunächst versucht sie, ihre Heimat zu vergessen, dann erfährt sie von Munyemanas Mutter, dass niemand aus ihrer Familie überlebt hat.
	Nkulikiyinka erhält den Namen Felicitas und wird sich langsam dessen bewusst, dass sie zur Volksgruppe der Tutsi gehört und dafür angefeindet wird. Mit zwölf Jahren geht sie auf ein privates Gymnasium.

Checkliste zum Buch

Hier kannst du dir noch einmal einen **Überblick** über die **wichtigsten Themen** aus der Ganzschrift verschaffen. Du solltest nach dem Lesen in der Lage sein, die folgenden **Fragen zum Inhalt** der Lektüre zu beantworten. Notiere dir zu jedem Oberpunkt auch, in welchem Kapitel bzw. welchen Kapiteln du Informationen dazu findest.

Buchtitel „Herzsteine"
- Welcher Zusammenhang besteht zwischen dem Titel und der Handlung der Lektüre?
- Was bedeutet es, wenn man einen Herzstein findet?
- An welchen Textstellen kommen Herzsteine bzw. kommt der gefundene Herzstein vor?

Außenseitertum von Enna und Helen
- Warum wird Helen im Dorf ausgegrenzt?
- Warum wird Enna in der Schule anders behandelt als Sam?
- Welche besonderen Fähigkeiten hat Helen?
- Was hat Helen mit Fes Entschluss, nach Ruanda zu gehen, zu tun?

Sams Beziehung zu Enna
- Wie lernen sich Enna und Sam kennen?
- Was verbindet sie?
- Welche Idee hat Enna für Sams Reise? Wie wirkt sich diese aus?
- Wie entwickelt sich die Beziehung der beiden?

Familiensituation von Fe (als Kind) in Ruanda
- Wer gehörte zur Familie von Fe?
- Wie, wo und wovon lebte die Familie ursprünglich?
- Zu welcher Volksgruppe gehört ihre Familie? In welche Situationen geriet die Familie deshalb?
- Wie kam es zum Tod des Vaters?
- Wie gelang es Fes Mutter, ihre drei Kinder zunächst zu retten?
- Wie bewältigten die verbliebenen Familienmitglieder ihren Alltag?
- Was hatten die Arbeitsgeber von Fes Mutter mit Fes Bildung zu tun?
- Welche Privilegien genoss Fe?
- Wie, wo und mit wem verbrachte Fe als Kind ihre Zeit?
- Welche unterschiedlichen Bedeutungen haben ihre Namen?

Lebensgeschichte von Sams Mutter Felicitas
- In welcher Situation erzählt Fe ihrem Sohn ihre ganze Lebensgeschichte?
- Wie verläuft ihr Leben? Welche Stationen durchläuft sie nacheinander?
- Wie kam es zu ihrer Flucht aus Ruanda? Wohin flieht sie?
- Wie lernt Fe Sams Vater kennen?
- Wie lebt die neue Familie zunächst?
- Warum möchte Fe in Ruanda bleiben?

Probleme von Felicitas in ihrem Leben in Deutschland (Auswirkung der Traumatisierung)
- Woran bemerkt man, dass Fe krank bzw. traumatisiert ist?
- Was tut ihr Mann, um ihr zu helfen?
- Wie beeinflusst Fes Trauma das Leben von Sam?
- Was ist der Grund für Fes Trauma? Was macht ihr am meisten zu schaffen?
- Was macht sie, um geheilt zu werden?

Diskriminierung, Verfolgung, Genozid (= Völkermord) der Hutu an den Tutsi
- An welchen Textstellen erhält man Informationen über den Völkermord?
- Was hat Fe konkret gesehen, miterlebt oder zu spüren bekommen?
- Wie lässt sich das damalige Geschehen möglichst kurz zusammenfassen?
- Welche Auswirkungen sind noch bei Sams Besuch in Ruanda sichtbar und spürbar?

Beziehung zwischen Sams Eltern Luk und Felicitas
- Unter welchen Umständen begann die Beziehung?
- Was erfährt man über die Qualität der Beziehung? Liebe oder Zweckgemeinschaft?
- Wie entwickelt sich die Beziehung?
- Wie geht es Sams Vater mit den Entscheidungen seiner Frau?

Sams Erlebnisse in Kigali (Ruanda)
- Was fällt Sam in Ruanda auf? Wie erlebt er Land und Leute?
- Worüber ist er enttäuscht? Was hätte er sich gewünscht?
- Was erfährt er über seine eigenen Wurzeln?
- Was erfährt er über die selbstgewählte Lebensweise seiner Mutter?

E   Vorbereitung auf die Abschlussprüfung

Tipps und Hinweise für die Prüfung

Die schriftliche Abschlussprüfung im Fach Deutsch besteht aus einem Pflichtteil (Teil A1 und A2) und einem Wahlteil (Teil B).

Deine Kenntnisse zur Lektüre musst du im **Pflichtteil A2** unter Beweis stellen. Dafür kannst du insgesamt **25 Punkte**, also **ein Viertel aller Punkte** bekommen. Plane also auch ca. **ein Viertel der Bearbeitungszeit** dafür ein (HS: **45 Min.** von 180 Min.; WRS/RS: **60 Min.** von 240 Min.).

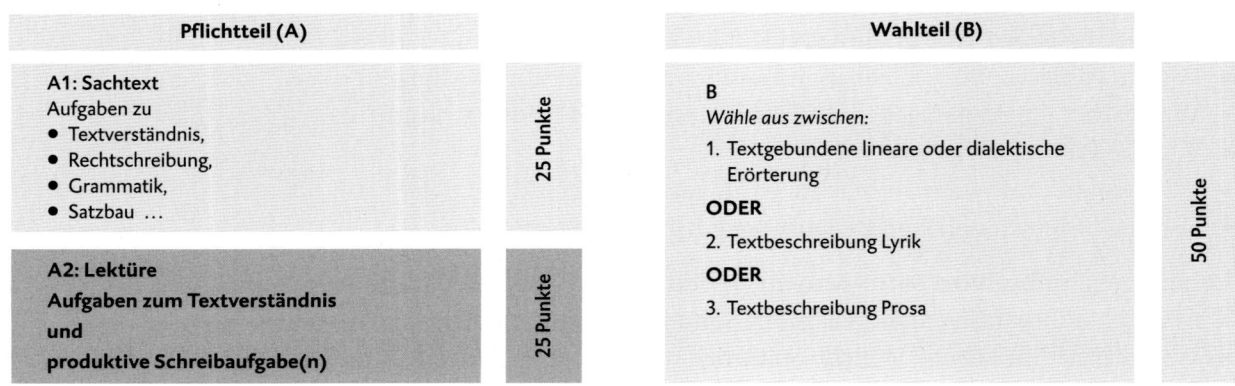

Rechnen musst du demnach im Pflichtteil A2 mit ...

- **Aufgaben zum Textverständnis** und Textzusammenhang, in denen dein Wissen über den Inhalt, die verwendete Sprache, verschiedene übergeordnete Themen usw. abgefragt wird, sowie mit

- **produktiven Schreibaufgaben**, z. B. das Verfassen eines kurzen Briefs, eines Tagebucheintrags, der Gedanken einer Person bzw. eines inneren Monologs oder eines Gesprächs.

Zur Bearbeitung des Pflichtteils A2 darfst du dein **eigenes Exemplar der Prüfungslektüre** verwenden. Darin dürfen **Randnotizen** stehen, die du dir während der Bearbeitung des Buchs zu wichtigen Stellen gemacht hast. Allerdings dürfen keine Haftnotizzettel oder andere Hilfsmittel, z. B. Büroklammern oder Klebestreifen, enthalten sein.

Zusätzlich darfst du während der gesamten Prüfungszeit ein **Rechtschreibwörterbuch** benutzen.

In den Aufgaben zur Lektüre wird Folgendes von dir erwartet:

- Du sollst beweisen, dass du das Buch gründlich gelesen und den Inhalt verstanden hast.

- Du musst die Ereignisse der Handlung, die Gedanken und Sorgen der Figur(en) des Romans gut kennen, beschreiben, aber auch deuten können.

- Du musst dich im Buch gut auskennen, um z. B. möglichst schnell Behauptungen mit Textstellen aus der Lektüre belegen zu können. Dazu brauchst du sinnvolle Randnotizen.

- Du musst die Merkmale der möglichen Textsorten, z. B. Brief, Tagebucheintrag, innerer Monolog, Gespräch/Dialog, kennen und entsprechend den Anforderungen der Aufgabenstellung inhaltlich füllen können.

- Du musst dabei auf die Angabe zur Mindestwortzahl achten und darfst keinesfalls weniger schreiben als verlangt.

- Auch eine angemessen schöne Schrift, die Rechtschreibung und eine ordentliche Darstellung sind Teil der Bewertung.

Merkmale möglicher Textsorten im Überblick

Dialog/Gespräch

Ein **Dialog** ist ein Gespräch zwischen zwei oder mehreren Personen. In der Prüfung soll meist ein Gespräch, das in der Lektüre nicht stattgefunden hat, aber denkbar wäre, geschrieben werden. Auf diese Weise soll eine sogenannte Leerstelle in der Lektüre gefüllt werden.

Äußere Merkmale: wörtliche Rede; Namen der Figuren am Zeilenanfang; Angaben zur Sprechweise werden durch *Regieanweisungen* eingefügt, z. B.:

Enna *(genervt)*: Ich weiß es eben. Also?!
Sam: Bist du etwa sauer?

Sprache: wörtliche Rede in Dialogform; zu den Figuren passende Wortwahl und Ausdrucksweise; typische, in der Lektüre gemachte Aussagen oder sprachliche Eigenheiten; Regieanweisungen zur Verdeutlichung der Handlungen/ Gesten/Mimik der Figuren während des Gesprächs

Innerer Monolog

Der **innere Monolog** ist ein Selbstgespräch, das nur im Kopf der literarischen Figur abläuft. Du musst dich in die Figur und in die Situation, in der sie sich gerade befindet, hineinversetzen. Es kommt nur das zur Sprache, was die Figur in dem genannten Moment denkt und fühlt.

Äußere Merkmale: Eventuell Auslassungszeichen, Gedankenstriche; Fragen, die sich die Figur selbst oder anderen stellt

Sprache: Ich-Perspektive, Alltags-/Umgangssprache, Formulierungen und Aussagen der Figur aus der Lektüre

Tagebucheintrag

Einen **Tagebucheintrag** schreibt man dann, wenn einen ein Ereignis oder eine Situation so sehr beschäftigt, dass man seine wirren Gedanken loswerden oder ordnen will. Es findet eine Auseinandersetzung mit der Problematik/Situation, in der sich die Figur gerade befindet, statt. Deshalb kommen ehrliche Gedanken über Ereignisse oder über andere Figuren vor. Der Schreiber wird versuchen, sich Fragen zu seiner Situation selbst zu beantworten. Rückblenden auf Geschehnisse sind möglich. Die Figur kann Überlegungen zur Zukunft anstellen.

Äußere Merkmale/Aufbau: Eventuell Anrede („Liebes Tagebuch") sowie Schlussworte („Dein/e ..."); Datum (falls bekannt); kurze Hinführung/einleitende Worte, die die Problematik andeuten

Sprache: Ich-Perspektive, Alltags-/Umgangssprache, Formulierungen und Aussagen der Figur aus der Lektüre

Brief/E-Mail

Bei einem **Brief** handelt es sich um eine Art verschriftlichten Monolog. Der Schreiber oder die Schreiberin wendet sich an die Figur, an die das Schreiben gerichtet ist (Adressat), und möchte dieser etwas Wichtiges mitteilen. Worum es sich dabei handelt, gibt die jeweilige Aufgabenstellung vor.

Äußere Merkmale: Datum (falls bekannt), Anrede („Hallo ...", „Liebe/r ...", „Sehr geehrte/r ..."), Text, Grußformel („Mit freundlichen/herzlichen Grüßen")

Sprache: Schriftsprache, geordnete Gedanken, roter Faden von der Einleitung über die Erläuterung des Themas/ Schreibanlasses (Hauptteil) bis zum Schluss mit einem Lösungsvorschlag oder Ausblick in die Zukunft

F Aufgaben im Stil der Abschlussprüfung

Die **Aufgabenformate**, die für die Prüfung denkbar sind, können **unterschiedlich** aussehen und folgen keinem vorher bekannten Schema. Es können Aufgaben zu **konkreten Textstellen** oder zu **übergeordneten Themen** sein. Sie können am Anfang oder an jeder anderen Stelle im Buch angesiedelt sein.

Im Grunde bilden die Aufgaben aus Kapitel C bereits gut ab, wie unterschiedlich die Aufgaben in der Prüfung ausgestaltet sein können. Hast du diese gründlich bearbeitet und dich mit den Lösungsvorschlägen beschäftigt, bist du schon gut auf die Aufgabenformate im Stil der Abschlussprüfung vorbereitet.

Die folgenden Aufgaben-Sets sollen dir eine Idee davon vermitteln, wie die Prüfungsaufgaben zur Lektüre hinsichtlich Umfang und Anspruch bei deiner Art des Abschlusses aussehen könnten.

Hauptschulabschlussprüfung

119 Nenne die drei unterschiedlichen Namen, die Sams Mutter von ihren Eltern bekommt, und deren jeweilige Bedeutung. (3 Punkte)

120 Beschreibe, wo sich Sam und Enna kennengelernt haben. (2 Punkte)

121 Stelle drei Schicksalsschläge dar, die Sams Mutter in ihrer Kindheit und Jugend in Ruanda erleiden musste. (6 Punkte)

122 *„Ja, ich war schrecklich einsam ohne ihn."* (S. 74)

Erkläre, wen und was Sams Mutter meint, als sie dies sagt. (4 Punkte)

123 Fasse zusammen, was Fe zukünftig in Ruanda arbeiten wird und womit sie ihr eigenes Geld verdienen möchte. (2 Punkte)

124 *„Beim Abschied hat sie ihm ein kleines blaues Buch in die Hand gedrückt, ein Buch voller leerer Seiten. Nur auf der ersten steht in ihrer runden Schrift: Tagebuch für Enna von Sam."* (S. 99)

Dem Tagebuch legt Enna eine Karte bei, auf der sie Sam eine schöne Reise wünscht und ihm erklärt, warum sie ihm dieses Abschiedsgeschenk gemacht hat.

Schreibe den Text für Ennas Karte im Umfang von 80 Wörtern. (8 Punkte)

Werkrealschulabschlussprüfung

25 Nenne drei Situationen, anhand denen Sam und sein Vater in Hamburg erkennen, dass es Fe nicht gut geht bzw. dass etwas nicht mit ihr stimmt. (3 Punkte)

26 *„Er nannte mich Nkulikiyinka. [. . .] Meine Mutter wollte diesen Namen nicht, doch mein Vater hat sich durchgesetzt."* (S. 11)

Begründe, warum Fes Vater seiner dritten Tochter ausgerechnet diesen Namen ausgesucht und sich gegen den Willen seiner Frau durchgesetzt hat, obwohl die Namen seiner ersten beiden Töchter „Glück" und „Geschenk" bedeuten. (4 Punkte)

27 Im Lebensmittelteil des Marktes, auf dem Jean-Claude noch Reis und Zucker kaufen will, macht Sam Fotos vom beeindruckenden Markttreiben. Auf einmal wird ihm die Kamera entrissen und er wird von zwei Jungen verprügelt (vgl. Kapitel 5).

Erkläre, warum es laut Jean-Claude „dumm" und „respektlos" von Sam war, ungefragt die Mutter der beiden Jungen zu fotografieren. Gehe auf zwei unterschiedliche Aspekte ein. (3 Punkte)

28 *„‚Mama Jean-Claude!', schreit sie, hüpft ein paarmal auf und ab und nimmt Fe an der Hand, um sie hinter sich herzuschleppen.*
‚Mama Jean-Claude!', stimmen noch zwei andere Mädchen ein. [. . .] Gefolgt von weiteren Kindern und von Sam, der sich gerade fragt, ob er seinen Ohren trauen soll.
Mama Jean-Claude? Verdammt, was hat das zu bedeuten?!" (S. 123)

Erkläre, was Sam hieran bei seinem Besuch im Waisenhaus irritiert und wie Sams Mutter die Situation später auflöst. (3 Punkte)

29 Vor Sams Abreise versucht seine Mutter, ihm zu erklären, warum sie nicht anders kann, als in Ruanda zu bleiben. Sie möchte, dass er versteht, dass ihre Lebensweise in Ruanda für sie eine Art Buße darstellt. Beschreibe drei Möglichkeiten, die Fe für sich gefunden hat, „Buße" zu tun. (3 Punkte)

30 Nach der Abreise von Sam und Luk bemerkt Jean-Claude den herzförmigen Stein neben Felicitas' Bett und fragt sie nach dessen Bedeutung.

Vervollständige Felicitas' Antwort im Gespräch mit Jean-Claude im Umfang von mindestens 150 Wörtern. (9 Punkte)

> JEAN-CLAUDE: Mir ist aufgefallen, dass du diesen Stein immer wieder in die Hand nimmst. Was ist das für ein Stein, woher hast du ihn? Hat er eine besondere Bedeutung? Er sieht aus wie ein Herz.
> FELICITAS: Das ist mir selbst gar nicht aufgefallen, dass ich ihn auffällig oft in die Hand nehme. . . .

Realschulabschlussprüfung

131 *„Sam, ich fliege nicht mit euch zurück. Ich bleibe hier."* (S. 158)

Nenne vier Gründe dafür, warum Fe in Ruanda bleiben will. (2 Punkte)

132 Im Buch spielen die Bedeutungen von Namen immer wieder eine Rolle. Nenne die Bedeutung des Namens „Felicitas" und zeige anhand von drei Beispielen auf, inwiefern diese Bedeutung auf Fes Leben zutrifft. (4 Punkte)

133 *„Ein warmer Wind bläst ihnen einen süßen, schweren Duft entgegen und mit jedem Schritt, den sie über den Landeplatz in Richtung Ankunftshalle gehen, wächst die Spannung auf das Wiedersehen mit seiner Mutter."* (S. 103)

Beschreibe anhand von sechs Aspekten, inwiefern Sams Wiedersehen mit seiner Mutter anders verläuft als er es sich erhofft hat. (3 Punkte)

134 Vergleiche Ennas Beziehung zu ihrer Mutter mit dem Verhältnis zwischen Sam und seiner Mutter. Gehe jeweils auf drei verschiedene Aspekte ein. (6 Punkte)

135 *„ , [. . .] Ich habe ihn am Strand gefunden, da, wo du mal versucht hast, mir und Dad das Spiel mit den Steinen beizubringen. Beim Hünengrab, weißt du noch? Ennas Mutter sagt, wenn du deinen Herzstein hast, fängt etwas Neues an.' [. . .]*
,Also dann . . . murabeho, Mama.'
,Auf Wiedersehen, Sam.' " (S. 189/190)

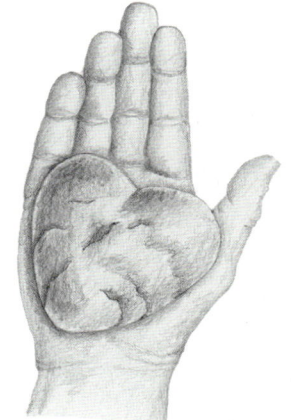

Nach dem emotionalen Abschied von Sam hält Fe den Herzstein noch lange in der Hand. Sie trauert, denkt an den Fundort und die Erinnerungen, die sie damit verbindet. Sie denkt auch über Helens Worte und deren Bedeutung für sich und Sam nach.

Schreibe Fes Gedanken in Form eines inneren Monologs, der mindestens 200 Wörter umfasst. (10 Punkte)